포퓰리즘

유럽의 포퓰리즘이 한국에 주는 함의

이연호, 고주현 외

Jean Monnet Centre of Excellence at Yonsei University

ERASMUS2027

Project Number: ERASMUS-JMO-2022-HEI-TCH-RSCH-101085383

Co-funded by the
Erasmus+ Programme
of the European Union

This publication has been funded by the European Union. It contains views and opinions that are solely those of the authors and do not necessarily refelct those of the European Union or the European Education and Culture Executive Agency (EACEA). The European Union and EACEA are not accountable for any use that may be made of the information it contains.

The content of this volume is a direct outcome of the Korea-EU Partnership for Sustainable Resilience project - ERASMUS2027, project number ERASMUS-JMO-2022-HEI-TCH-RSCH- 101085383,and is supported by the Erasmus+ Programme of the European Union.

※ 이 저서는 연세대학교 학술연구비의 지원으로 이루어진 것임

POPULISM

포퓰리즘

유럽의 포퓰리즘이 한국에 주는 함의

이연호, 고주현 외

연세대학교 출판문화원

포퓰리즘

유럽의 포퓰리즘이 한국에 주는 함의

2024년 2월 29일 초판 1쇄
2025년 5월 9일 2쇄

지은이 이연호, 고주현 외
펴낸곳 연세대학교 출판문화원
주소 서울특별시 서대문구 연세로 50
등록 1955년 10월 13일(제9-60호)
전화 02) 2123-3378~80
팩스 02) 2123-8673
전자우편 ysup@yonsei.ac.kr
홈페이지 http://press.yonsei.ac.kr
인쇄 화신문화(주)

ISBN 978-89-6850-774-8 (93200)

값 15,000원

책을 펴내며

이 책은 포퓰리즘에 관한 저자들의 논문들을 수정 보완해 구성한 것이다. 논문들이 발간되고 다소 부족하다고 여겨졌던 부분들을 보완해 유럽연합의 장 모네 센터 지원 사업과 연세대학교 연구처의 지원을 통해 단행본으로 출간하게 되었다. 여유를 가지고 새로운 내용까지 채워넣고자 했던 애초의 의도에는 못미치지만 유럽과 한국, 특히 북유럽과 남유럽, 그리고 동유럽의 서로 다른 모습을 보이는 포퓰리즘 사례들과 한국의 포퓰리즘 정치에 관한 챕터들을 독자들이 비교적 시각에서 접근할 수 있도록 한데 모았다는 데에서 의의를 찾고자 한다.

이 책의 목표는 21세기에 유행하는 주요 정치 용어 중 하나인 포퓰리즘 현상이 각 지역의 특수성에 따라 다르게 진화해왔으며 여러 다른 정치적 특성을 보이고 있음을 보여주는 것이다. 세계 여러 지역에서 포퓰리즘은 서로 상이한 현상들과 동일시되거나 때때로 그런 현상들과 융합되는 경향을 보인다. 예를 들어 포퓰리즘은 유럽의 맥락에서 특히 극우 정치적 입장에서 많은 경우 반이민 정서와 외국인 혐오를 가리키는 반면, 라틴아메리카에서는 흔히 후견주의나 부실한 경제 관리를 시사한다.

현대 정치에서 포퓰리즘의 태동 가능성은 어느 국가나 지역에서도 발견할 수 있다. 포퓰리즘의 출현을 수요와 공급 측면에서 접근했을 때 이 책에서 다루고 있는 스웨덴, 스페인, 헝가리와 한국의 정치 지형은 양 측면에서 포퓰리즘이 출현 가능한 기회를 제공한다. 하지만 스웨덴에서는 공고한 사민주의 정당과 같은 정치세력의 성숙과 국가와 자본 간의 연대 형성으로 급진적 포퓰리즘에 해당하는 파시즘의 출현이 억제될 수 있었다. 반면 스페인에서는 권위주의 정권의 오랜 지배로 민주화 이후 현대 정치에서 극우 성향의 급진 정치세력의 출현이 제한되어왔다. 하지만 남유럽 재정위기 이후 좌와 우, 이념적 양 극단에서 포퓰리스트 정당이 출현했고 단 기간 내에 성장할 수 있었다. 스페인 정치는 강력한 지역주의 정당과 카탈루냐 독립 투표 이후의 정치 상황으로 여전히 복잡한 모습을 보이고 있다. 헝가리의 포퓰리즘은 경제 문제 및 문화적 분노와 연관된다. 최근 헝가리의 포퓰리스트 정권은 민주주의와 EU 통합을 위협하고 있으며 민주주의 회복을 위해 시민사회와 지식인의 역할과 정치세력 간 연대 및 EU 관여의 필요성 등이 지적되고 있다. 한국의 경우 포퓰리즘적 관점에서 문재인 정부를 조망해보면 자신의 권력을 공고히 하기 위해 서민과 노동자들의 지지를 얻고자 한 전략으로 볼 수 있다. 정치적으로는 소수 정당을 지지 세력으로 활용하며 중요한 개혁 사안을 처리해왔다. 경제적으로는 자산가격 상승과 자산소유 계층에 대한 반감 조성 등을 통해 지지 세력을 확대시켰다. 이에 대한 분석에서는 포퓰리즘의 요소가 존재하지만, 대의민주주의 제도 내에서 진행되었다는 점에 주목해야한다.

이 책은 이처럼 포퓰리즘을 자유민주주의의 관점에서 분석한다. 이는 이념보다 경험과 이론을 토대로 한 접근이다. 이론 측면에서 포퓰리즘은 다른 어떤 민주주의 모델보다도 자유민주주의와의 병존 가능성이 가장 높다. 경험 측면에서 더 유력한 포퓰리스트들은 자유민주주의 체제나 자유민주주의가 되려는 체제 안에서 민중을 동원한다. 포퓰리즘은 일반 대중의 의견을 강조하며 기득권층과 엘리트를 비판하고, 직접민주주의적 요소를 강조하는 경향을 가지고 있다. 이는 대의민주주의의 일부 측면에 비판적인 입장을 취하며 의회 중심의 엘리트주의적 체제에 거부감을 드러낸다. 포퓰리스트 정치전략은 다수의 의견을 대변하고 일부 경우에는 과도한 대중영합주의적 특징으로 인해 민주주의적 가치에 위협을 가할 수도 있다. 이러한 포퓰리즘의 특징은 좌파적이든 우파적이든 변형될 수 있지만, 일반적으로 의회의 역할을 제한하고 이에 대립하는 주체로서의 대중의 명령을 우선시하는 경향을 보인다. 이 책이 지적하듯이 유럽 지역에서의 포퓰리즘은 다양한 맥락에서 나타나며 특정 시간과 공간을 통해 이해되어야 한다. 하지만 한국에서는 포퓰리즘이라는 용어가 정치인들의 당파적 이해에 따라 사용되고 있는 경향이 있다. 향후 포퓰리즘 정치의 진행 방향에 대해서는 더 깊은 연구가 필요하다.

끝으로 이 책이 하나의 매듭짓기를 통해 결실로 세상에 나오게 해 준 여러 선생님들과 조교에게 감사를 전한다. 먼저 이 책의 한국 챕터에 심도 있는 연구자료를 제공하고 내용을 담아주신 강원대학교 정치외교학과의 임유진 교수께 감사를 드린다. 임유진 교수는 제6장 한국사례 연구를 함께 진행해주었을 뿐아니라 그 연구결과를 이책에 싣도록 허락해 주었다. 또한 편집 과정에서 도움을 주고 많은 애를 써 준 송보미 조교에게 애정과 감사를 표한다. 책 출판을 위해 실무적으로 여러 도움을 주신 연세대학교 출판문화원에도 심심한 감사의 인사를 드린다.

2023. 12.

이연호·고주현

차 례

유럽의 포퓰리즘이 한국에 주는 함의

1 서론

1. 서론

완전한 민주주의를 발견하는 것보다 덜 타락한 민주주의를 찾는 것이 쉬울지 모른다. 그만큼 민주주의는 부서지기 쉽고 성취하기도 어려운 정치체제이다. 전 세계에서 민주주의를 아주 성공적으로 운용하고 있는 국가는 30개 정도라 해도 과언이 아닐 것이다. 민주주의의 두 가지 핵심 가치 즉 자유와 평등을 균형있게 구현하기가 쉽지 않다.

민주주의 모델이 성공하기 위해서는 좋은 시민계층의 형성이 필수적이다. 시민에 관한 정의는 여러 가지가 있겠지만 고전적인 관점에서 정의해보면 교육을 받고 일정 규모의 재산을 소유한 사람들이다. 즉 합리적인 판단이 가능하고 자기의 정치적 선택에 대한 책임감을 보유한 사람들이다. 이러한 중산시민 계층이 자리잡고 있어야 민주주의가 작동한다. 합리적인 중산층 시민 또는 자유로운 개인의 존재는 민주주의와 시장자본주의의 핵심요소이다.

민주주의가 이상적이고 성스러운 정치체제로 자리매김한 것은 역사적으로 그리 오래된 일이 아니다. 그리스의 정치철학자 플라톤은 국가론에서 민주주의를 타락하기 쉬운 제도로 폄하했다. 오히려 소수의 현자에 의존하는 철인정치를 이상적인 모델로 보았다. 민주주의는 최악의 정치체제인 참주정치보다 한 단계 위에 위치한 후진형 정치 모델이었다. 그리스 도시국가의 민주주의는 민중(demos) 또는 시민들이 정치에 참여했고 이들이 왕의 전제정치를 견제했다는 점에서 의미가 있었다. 그럼에도 불구하고 정치에 참여할 수 없는 계층이 존재했다. 예컨대 여성은 정치참여가 금지되었고 당연히 미성년자들도 배제되었다. 게다가 시민들 숫자보다 더 많은 수의 노예도 있었다. 오늘날의 민주주의처럼 평등하지 않았다. 그리고 무엇보다도 그 수명이 오래가지 못했다. 가장 민주주의적이었던 아테네가 군국적인 스파르타에게 패했고 스파르타는 변방의 야만스러운 마케도니아에 의해 정복되었다.

따라서 서구문명사에서 그리스의 뒤를 이은 로마는 민주주의라는 정치제도를 높이 사지 않았다. 왕이라는 개인에 의해 다스려지지 않는다는 특성을 표현하기 위해 민주주의라는 단어 대신 공화국(Republic)이라는 용어를 사용한 것도 이런 이유 때문이었을 것이다. 실제 아테네와 같은 도시국가의 민주주의는 매우 혼란스러운 정치현장의 모습이 난무했다. 그리스의 민주주의는 민회(Ecclesia)에서 다수결로 결정하는 직접민주주의 형태였다. 시민들의 대표는 추첨에 의해 선출되었다. 선거가 아닌 추첨에 의한 시민대표 그리고 다수의 대중들이 의제에 대한 정확한 이해도 없이 마구잡이로 참여하는 민회는 긍정적이기보다는 부정적인 이미지로 묘사되기 일쑤였다.

이러한 이유로 로마는 다소 절제된 민주주의 정치체제를 구상했고 그리하여 공화적 정치체제를 채택했다. 로마의 공화국은 민중 또는 시민보다는 원로원에 거의 전적으로 무게가 실려 있었다. 로마가 확장하면서 정복민에게 시민의 지위가 부여되다 보니 실제로 로마에 거주하지 않는 이들에게 모두 정치참여의 기회를 제공하기는 어려웠다. 사실상 로마제국을 운영하는 것은 원로원(Senate)의 의원들이었다. 이들은 특권 귀족들 중에서 선출되었다. 따라서 로마의 공화제는 '입헌적 과두제'(constitutional oligarchy)로 보는 것이 더 적합하다. 요컨대 로마는 군주와 원로원이 과두적으로 지배하는 정체였다. 한때 시민계층의 참여가 활성화되기도 했으나 카이사르의 집권을 계기로 황제에 의한 전제정치로 귀착하고 말았다.

로마의 공화제가 부활한 것은 중세시대였다. 이태리 북부지역에서 도시국가가 등장한 11-12세기 경이었다. 교역과 상업의 발달로 도시지역의 인구가 증가했고 국민국가(nation state)가 등장하기 이전이었다. 교황이 지배하는 기독교왕국의 시기에 이태리 도시지역에서는 고도의 자율성을 보유한 공화적 도시국가가 다시 등장했다. 컴뮨(Commune)이라 불리는 이들 도시국가는 재산을 보유하고 세금을 납부하며 정치적 책임을 감당하는 시민을 중심으로 자치적 정치체제를 수립했다. 컴뮨의 목적은 시민들의 상업적 이익 그리고 안전을 보장하는 것이었다. 도시의 행정은 직업적 전문가(Podesta)가 수행했으며 국방은 주로 용병에 의존했다.

이태리의 공화적 도시국가는 왕이 존재하지 않은 채로 시민들이 자치적으로 운영하는 정치행정체제였다는 점에서 의미가 있다. 후일 영국을 중심으로 근대적 국민국가가 등장하는데도 많은 영감을 주었던 것으로 보인다. 그러나 한계 역시 명백했다. 많은 도시국가들이 소수의 권력자들의 손에 장악되어 전제적이거나 과두제적인 모습으로 변해갔다. 내부적 갈등, 파벌화 그리고 도시국가간의 전쟁이 쇠락을 재촉했다. 혼란이 거듭될수록 강력한 권력을 보유하고 싶은 실권자들의 욕망도 강해져 갔던 것이다.

민주주의가 합리적이며 경제적 발전에도 효과적인 정치체제라는 인식을 얻게 된 데에는 영국과 미국의 공헌이 크다. 상대적으로 왕권의 자의적 행사가 의회에 의해 절제되었던 영국이 그렇지 않았던 프랑스나 스페인에 비해 경제적 발전을 보다 효율적으로 성취할 수 있었다. 경제적으로 번성한 중산상공업 계층이 1688년 명예혁명을 계기로 의회를 통해 적극적으로 국가 정책결정과정에 참여했던 결과 경제발전에 유리한 제도가 보다 신속하게 입법될 수 있었다. 반면 국가의 입장에서 경제를 설계하고 통제했던 프랑스의 루이14세의 중상주의는 시장과 사회의 자유를 억압함으로써 경제발전의 활력을 상실하는 결과를 초래했다. 예컨대 1685년 신교도들의 종교적 자유를 보장했던 낭트칙령을 폐지함으로써 위그노들이 대거 영국 등으로 이민했다. 이들 신교도들은 상공업자와 기술자의 상당수를 차지하고 있었는데 이 사건을 계기로 프랑스와 영국의 경제산업적 역량은 극적으로 격차를 벌이게 되었다.

미국을 비롯한 영국의 식민지들에서 자유주의적 민주주의가 번성하고 이들이 경제적으로도 번영을 구가함으로써 민주주의는 20세기에 들어 최상의 정치이념으로 자리잡게 되었다. 특히 두 번의 세계대전을 거치는 동안 미국이 세계최강의 국가로 성장하는 것을 목격하면서 세계는 자유민주주의와 시장자본주의가 최상의 조합이라는 데에 이견을 제기하기 어려웠다. 사유재산권의 보장, 법에 의한 지배, 인권의 존중, 형평 같은 민주주의적 가치가 정치경제적 발전의 궁극적인 목표로 자리잡게 되었다.

그럼에도 불구하고 현실적으로 민주주의는 대부분의 국가에서 혼란스럽고 불안정한 제도로 인식되는 경우가 허다했다. 특히 경쟁과 효율을 강조하는 자유다원주의적 민주주의 그리고 대의민주주의 모델이 가지고 있는 엘리트주의적 속성은 민중의 시각에서 부정적인 모습으로 비쳐지기 쉬웠다. 이러한 문제는 1930년대 경제대공황을 거치는 동안 국내외적으로 빈부간의 격차가 심화되면서 더욱 극명하게 나타났다. 즉 자본가그룹과 국가의 정치계급이 서로 결탁하여 이익을 독점한다는 인식이 좌우의 이념진영을 막론하고 등장했다. 좌파진영에서는 경제적 하부구조를 장악한 자본가계급이 정치적 상부구조를 결정한다는 마르크시스트적 가정을 인용했다. 우파진영에서는 경제가 자본가 개인의 이익에 봉사하기보다는, 발전을 도모하고 법을 집행하며 질서를 수립하는 주체로서 국가가 필요로 하는 자원을 제공하는 하부구조라는 베버(Max Weber)적 가정에 의존했다.

극단적 좌우의 시각에서 보았을 때 자유민주주의 그리고 대의민주주의 모델은 엘리트 중심주의라는 비판에서 자유롭지 못했다. 이들이 사실상 민주정치체제와 자본주의의 핵심을 장악할 것이라는 두려움이 실존했다. 특히나 민주주의의 핵심적 제도라 할 수 있는 의회는 이들 엘리트들이 장악하고 있는 정치의 장이며 결국 정치는 국가의 기득권자들에 의해 통제당할 수 밖에 없다는 회의론이 등장했다. 이것이 포퓰리즘 못지 않게 민주주의에 해악을 끼치는 소위 후견인주의(clientelism)이다.

엘리트주의와 더불어 포퓰리즘의 핵심적 논리를 구성하는 것이 민족주의이다. 20세기 초반 러시아에서 발생한 볼셰비키 혁명, 두 차례의 세계대전 그리고 1930년대의 대공황을 경험하면서 국민국가 차원의 단합이 더욱 필요하다는 사상이 다시금 강조되었다. 전세계는 이미 19세기에 제국주의적 식민지를 경험한 터였다. 이 상황에서 중산계급에 속하는 시민들은 두 가지의 적을 경계하게 되었던 것 같다. 하나는 국제적으로 연대된 사회주의 노동자 세력, 또 다른 하나는 다국적으로 세를 다진 자본가 세력이었다. 연대된 노동과 자본은 개별국가의 주권을 위협하는 세력으로 간주되었다. 따라서 개별국가들이 주권을 확보하고 경제적 그리고 안보적으로 성장하기 위해서는 민족주의에 대한 강조가 필요했다. 과거나 현재나 포퓰리스트적 리더들이 좌우를 불문하고 민족주의에 호소하는 것도 이러한 맥락이다.

성공적인 민주주의가 달성되려면 이러한 후견인주의와 포퓰리즘 그리고 맹목적인 민족주의의 유혹에 빠지지 않아야 한다. 자유와 평등 간에 그리고 엘리트와 대중 간에 절묘하게 균형을 유지할 수 있어야 한다. 좋은 민주주의를 만드는 주인공은 누구인가? 바로 시민이다. 시민들이 이 두 가지 유혹을 물리칠 수 있어야 한다. 그러기 위해서는 시민들이 지적으로 계몽되어야 하고 재산권을 보유하여 책임있는 개인이 되어야 한다. 그러나 이것이 말처럼 쉽지 않다. 정치적으로 혼란이 그리고 경제적으로 위기가 발생하면 시민들은 합리적인 개인으로 역할하기 보다는 선동에 취약한 대중이 되기 십상이다.

민주주의에서 시민의 참여는 필수 조건이다. 물론 민주주의 내에서도 이념적 스펙트럼에 따라 참여에 대한 정의는 다르게 나타난다. 진보적 시각에서는 시민의 참여를 통해 국가를 운영하는 엘리트들을 견제해야 한다고 본다. 소위 참여민주주의 모델이다. 보수적 시각에서는 사회에서 성공한 시민이 공동체의 성공을 위해 공헌적 참여를 해야 한다고 본다. 이는 공화주의적 시각이다. 그러나 어느 쪽이 되었든 민주정치에 참여하는 시민들의 조건이 있다. 민주정치에 적합한 그들의 지식과 경험 그리고 자격을 전제하고 있다. 참여민주주의적 속성이 강한 독일 등 유럽의 국가에서는 정당이 국가의 보조를 받아 시민교육에 힘쓴다. 미국에서는 사회적으로 성공한 시민이 의회는 물론 대통령직에 도전한다.

일반 시민의 참여를 강조하는 이유는 자유민주주의와 대의민주주의의 엘리트적 속성이 유발할 수 있는 오류를 예방하기 위해서이다. 정치의 장에서 훈련된 엘리트들이 사익보다는 공익에 지속적으로 매진할 수 있도록 견제하려는 것이다. 그런데 문제는 준비되지 않은 시민 또는 대중이 합리적 판단과 전문적 지식을 결여한 채 정치의 장에 참여하도록 선동되는 것이다. 특히 비기득권 또는 비주류 엘리트들이 기득권 주류 엘리트들을 국가영역에서 축출하려 할 때 이들은 유권자인 대중들을 선동하려 시도한다. 만일 기득권 엘리트들이 착취적 세력으로 추락하여 이들을 제거하는 것이 불가피하다면 어쩔 수 없겠으나 그렇다 하더라도 비주류엘리트와 대중의 결합은 종종 더 심각한 문제를 유발한다. 비전문성, 비합리적 결정, 평등의 과도한 강조, 공익을 빙자한 비효율과 부패 등이다. 게다가 가장 심각한 것은 지지세력의 요구에 무조건적으로 부응하려는 정치적 편가르기이다.

그리스 시대 이래 민주주의 정치체제는 이 문제를 해결하기 위해 매진했다. 그래서 고안된 것이 의회이다. 시민들의 대표를 추첨이 아닌 선거를 통해 선출하고 대의기관으로 파견하여 공익을 논의하고 정책을 도출하기 위해서였다. 이들 시민의 대표 즉 의원들은 자신의 지지자들의 이익을 대변하되 공익이라는 거울에 비춰보며 그 크기와 모양을 다듬는 곳이 의회이다. 대의민주주의가 엘리트적 속성으로 인해 비판을 받음에도 불구하고 직접민주주의 모델보다 선호된 이유는 방법론적 편의성 말고도 이들 국가엘리트들의 전문성을 인정하기 때문이다. 의회는 정치엘리트뿐만 아니라 관료엘리트들이 함께 모여 공익을 논하는 제도이다. 그런데 포퓰리즘의 가장 큰 문제는 민중 또는 대중의 이름으로 의회가 간과되는 것이다. 또 의회가 있다 하더라도 그 안의 의원들이 대중의 압력을 의식하여 자율성을 상실하는 것이다. 포퓰리즘이 합리성을 결여하게 되는 가장 큰 요인은 그들이 공격하고자 했던 의회기능의 저하이다. 막스베버가 이야기한 소명을 가진 정치인이 아니라 관직사냥꾼이나 선동가로 가득 차버리는 것이다.

21세기 초반에 들어 국내외적으로 불평등이 심화되고, 세계화가 후퇴하는 경향이 나타나며, 미중간의 갈등이 본격화되는 경향이 나타나면서 전세계는 포퓰리즘이라는 유혹에 다시 노출되고 있는 듯하다. 자유민주주의 최전선이라 할 수 있는 미국과 유럽의 일부국가에서는 우파적 포퓰리즘이 그리고 한국에서는 진보적 포퓰리즘이 등장했다. 본 서는 이러한 현상에 대한 분석적 기록이다.

유럽의 포퓰리즘이 한국에 주는 함의

2 이론적 논의: 포퓰리즘과 민주주의

2. 이론적 논의: 포퓰리즘과 민주주의[1]

본서에서는 포퓰리즘을 개혁적-때로는 소수이고 비주류이기도 한-인 성향의 엘리트가 대중이나 서민과 노동자들을 중심으로 한 민중의 지지를 동원함으로써 주류엘리트에 도전하여 집권하거나 정권을 유지하기 위한 정치적 전략으로 정의하고자 한다. 포퓰리즘은 좌우 또는 보수나 진보적 성향의 특정 사상에 뿌리를 두고 있지 않으며 이러한 맥락에서 특정한 정치적 이념[2]으로 보기는 어렵다. 정치나 선거적 상황에 따라 양 진영 어느 쪽에서도 구사할 수 있는 정치적 전략이다.[3]

이념적 색깔을 불문하고 좌우 어느 쪽이 되었든 포퓰리즘은 다음과 같은 두 가지의 공통된 특성을 보여준다. 하나는 반의회주의이고 다른 하나는 민족주의에 대한 강조이다.

2.1. 반의회주의로서의 포퓰리즘

우선, 가장 두드러진 것은 이 대중영합주의적 모델이 공격의 대상으로 삼는 것이 무엇보다도 자유민주주의체제의 의회중심주의라는 점이다. 그런데 의회제도는 엘리트주의적 속성을 가지고 있다. 대의민주주의제도를 운용하는 자유민주주의적 시장경제체제는 교양과

---

1 본 장은 이연호·임유진(2022, 7-11)에 기초하여 확대하고 보강한 것이다.

2 정치이념에 대해서는 다양한 논의가 존재하지만 여기서는 가장 일반적이고 세속적인 의미 즉 자유적이고 보수적이거나 사회주의적인 정치독트린을 묘사하는 사상적 조류라는 의미로 사용하고자 한다. (Miller et al. 1987, 235).

3 포퓰리즘은 좌우파 이데올로기의 구분을 넘어 매우 다양한 사상들과 결합한다는 점에서 '중심이 얇은 이데올로기'로 지적되기도 한다(차태서 2021; Mudde and Kaltwasser 2019; 주정립 2010).

재산 등 자격을 보유한 시민의 대표에게 계약에 입각하여 국가의 운영을 위한 정치적 권한을 위탁한다. 아울러 자본증식에 탁월한 능력을 보유한 소수의 자본가들이 시장에서 주도적 역할을 수행하는 것을 용인한다. 그런데 대중영합주의는 자유민주주의와 시장자본주의의 이러한 엘리트주의적 속성에 대해 비판적이다. 정치엘리트와 자본엘리트들이 의회를 매개로 결탁하여 인민이나 서민의 이익에 반하는 정치적 결정을 내릴 수 있다고 간주하기 때문이다. 그리하여 이들은 의회지상주의를 거부한다. 의회가 자율적인 제도로 작동하기 하기보다는 인민의 명령을 수렴하여 법제화시키는 제도로 작동해야 한다고 상정한다(Mudde 2004; Miller et al. 1987; Mouffe 2019).

그렇다면 포퓰리즘 내부에서 엘리트들의 역할은 완전히 배제되는 것인가? 실제로는 그렇지 않다. 여전히 매우 중요한 역할을 한다. 사실 포퓰리스트 정치전략을 구사하는 주체도 이들이다. 포퓰리즘을 주도하는 엘리트들은 다수를 차지하는 대중을 선동적으로 규합하여 기득권을 차지하고 있는 주류엘리트들을 개혁하려는 비기득권 엘리트들인 경우가 많다. 이들은 민주주의적으로 다수의 이익을 대변한다는 명분을 가지고 대중영합주의적 정치논리를 설파한다. 자유주의적이고 엘리트적인 대의민주주의의 결함을 지적하고 시민 또는 인민에 의한 직접민주주의의 필요성을 주장한다(Taggart 2017). 그런데 문제는 이것이 진정한 의미에서 '민주주의적'이라 할 수 있는지에 대해서 논란의 여지가 많다는 점이다. 이들이 지적하는 과두제적 엘리트 민주주의와 마찬가지로 대중영합주의가 공익을 지속가능하게 정의할 능력이 있는지 의문이 제기된다. 무엇보다도 다수를 차지하는 인민 또는 노동자와 서민만이 염려하고 중시하는 가치를 거의 맹목적으로 지향하는 것은 항상 옳은 것인가? 이들에 비해 수적으로는 소수이지만 상대적으로 영향력이 큰 자본가나 중산층 그리고 엘리트 등 소수 기득권층의 입장은 무시되어야 하는가? 게다가 궁극적으로 포퓰리즘이 주장하는 인민이란 도대체 누구이며 어떤 집단인가?

결국 포퓰리즘에서 지칭하는 인민의 대상과 범주는 지향하는 이념적 성격에 따라 달리 정의될 수밖에 없다. 그 결과 정의되는 인민과 그 범위 밖에 존재하는 이들 간의 갈등은 불가피해진다. 이 경우 공정한 분배를 위한 다툼의 비용이 효율을 압도하는 부작용이 불가피할 수밖에 없다. 장기적인 비용보다는 인민이 원하는 즉각적 요구와 보호를 우선 제공하는 것이 정치의 급선무가 되기 때문이다 (강명세 2019, 291).

사실 자유주의 이론이 지적하듯이 자본과 권력을 보유한 소수와 그렇지 못한 다수간의 대립은 근본적인 갈등요인이다(이연호 2011). 자유주의는 개인 간의 경쟁에서 승리한 자들이 기득권을 향유하는 것을 허락한다. 그러나 현실적으로 이들 소수 기득권세력을 비판적으로 공격하는 다수를 정치경제적으로 완전히 무시하는 것은 불가능하다. 이들 역시 자유적 권리를 보유한 개인들이기 때문이다. 자유의 확대는 자유를 누리는 개인의 숫자를 증가시키고 이는 결국 자유와 더불어 평등을 강조하는 민주주의 원리로 연결된다. 보통선거와 평등선거의 원리가 작동하는 민주주의 정치체제하에서 다수는 정치적으로 큰 힘을 보유하게 된다. 자산을 보유하지 못했거나 적게 보유한 다수가 부유한 소수보다 정책결정과정에서 큰 영향력을 행사할 수도 있게 되는 것이다.

그런데 이러한 현상은 민주주의적 관점에서 '적게 가진 다수'로 하여금 형평을 제고할 수 있는 기회를 제공하지만, 반면 '많이 가진 소수'의 자유를 억압할 가능성도 유발한다(Dahl 1985; Tocqueville 1997, 340-347)는 점에서 자유주의적이지 못할 수 있다. 민주주의의 요소중 평등에 방점이 찍히다 보니 자유에 대한 고려가 소홀해진다. 자유로운 사람이 많아야 평등해진다고 보아야 하는 것인지, 아니면 모든 사람이 평등해야 그들 모두가 자유로워지는 것인지에 대한 공익적 판단의 문제가 발생한다. 대중영합주의는 자유주의적 사회가 도출하는 이러한 갈등상황에 문제를 제기하며 이중 후자의 입장을 지지한다. 특히 좌파적 포퓰리즘을 추구하는 엘리트들은 '가지지 못했거나' '상대적으로 덜 가진' 다수들로 하여금 소수의 기득권세력을 견제하고 통제할 수 있는 정치체제를 건설해야 한다고 설득한다.

포퓰리즘은 엘리트주의적 성격이 강한 자유민주주의와 대의민주주의를 개혁하기 위하여 인민 또는 시민이 직접 정치과정에 참여하는 직접민주주의적 요소를 강화해야 한다고 강조한다(서병훈 2008). 앞서 언급했듯이 자유주의는 엘리트적 요소를 가지고 있는 대의민주주의를 상대적으로 선호하는 경향이 강하다. 대의민주주의는 재산과 지식과 교양을 보유한 자들을 중심으로 의회를 구성하고 이들이 국가 전체의 시각에서 그리고 공익적 차원에서 정책을 논의하고 수립하는 제도이다. 사람보다는 법과 제도에 의해 국가가 운영되도록 해야 한다는 믿음이 기저에 있다(Held 1984, 45-46). 개인의 정치적 그리고 경제적 자유는 이성에 의한 합리적 선택이 보장될 때 성취가 가능하다고 본다.

그런데 이처럼 법적 제도적 민주주의 원리를 기반으로 하는 대의 민주주의는 상대적으로 엘리트중심적이어서 일반 시민들의 이익과 유리된 정책결정을 할 수 있다는 비판에 취약하다. 이를 보완하기 위해 마련된 민주주의 모델은 크게 두 가지이다. 하나는 비지배적 자유의 관점에서 성공한 시민이 국정에 직접 참여하여 봉사함으로써 국가 전체에 이로운 결정이 내려질 수 있도록 하는 것이다. 공화주의적 관점에 서 있는 이 입장은 개인의 이기적 이익보다는 공동체 전체의 공익 그리고 물질적 이익보다는 미덕을 강조한다 (Stokes 2002, 32). 다른 하나는 발전주의적 그리고 참여민주주의적 관점이다. 국가엘리트들이 자본가와 결탁할 가능성이 농후하므로 시민들이 국정에 참여하여 감시 감독을 시행하는 것이다. 전자가 다소 중도우파적인 관점의 참여라면 후자는 중도좌파적인 관점의 참여라 할 수 있다 (Pateman 1970; Stokes 2002, 35; 이연호 2017). 전자는 편협한 사익보다는 거시적 공공선에 기여할 미덕을 겸비한 시민을 상정하지만 후자는 개인의 발전을 도모하고 기득권층의 권력독점에 대항하는 적극적(active)이고 비판적인 시민을 상정한다.

포퓰리즘은 이 두 가지 중 발전주의적 그리고 참여적 민주주의 모델과 입장을 공유하면서 자유민주주의모델을 비판한다. 자유주의적 정치경제체제는 경쟁을 정당화하고 승자를 인정한다. 경쟁의 결과라면 경제력 집중이 발생하고 불평등이 발생하는 것도 용인한다. 그런데 경쟁의 승자는 엘리트와 기득권자일 가능성이 높다(Lukacs 2005, 56-57)는 것이 문제이다. 이들을 견제하기 위해서는 중산층 시민이나 서민 및 노동자의 직접적인 정치참여가 필요하다는 것이 포퓰리즘의 입장이다.

발전 및 참여민주주의는 자유민주주의의 최소주의(minimalism)만으로는 개인의 자유가 충분히 보장될 수 없다는 입장을 견지한다(Stokes 2002, 35). 예컨대 작은 정부로 시장의 자유를 최대한 보장한다든지 유권자의 대표에 의해 의회에서 충분히 공익이 토론되고 정의될 수 있다는 자유적 대의 민주주의의 입장은 현실성이 없다는 것이다. 따라서 직접민주주의 속성을 도입하여 엘리트적 대의민주주의의 단점을 보완하고 시민과 기득권층 간의 균형을 도모하고자 한다. 그리고 개인의 자유를 확대하기 위한 민주적 국가의 적극적인 사회간섭을 주장한다.

발전/참여민주주의는 국가전체의 또는 시민전체의 공익을 추구한다는 점에서 여전히 민주주의의 한 모델이다. 반면에 포퓰리즘은 특정 형태의 민주주의모델로 분류될 수 없다. 심지어 다수의 힘을 이용하여 특정 계급의 이익을 배타적으로 옹호하고 소수의 이익을 무시할 수 있다는 점에서 반민주적이다. 예컨대, 대중(folk) 또는 인민(the people)의 의사가 국가의 의도를 결정해야 한다고 본다. 특히 이러한 경향은 좌파 포퓰리즘에서 특히 극명하게 나타난다. 그런데 민주주의는 개인의 정치적 자유를 확대하여 궁극적으로 사회전체의 정치경제적 평등을 제고하기 위한 제도이지 예컨대 서민과 노동자 계급의 박탈감을 보상받기 위한 정치적 수단이 아니다. 대의민주주의의 존립근거도 여기에 있다. 의회에서의 이성적인 논의를 통해 모든 구성원이 만족하는 공익을 도출하는 것이다. 반면에 포퓰리즘은 인민이 원하는 것이라면 의회도 거의 전적으로 수용해야 하며 심지어 의회의 결정을 거칠 필요가 없다는 초헌법적 사고도 가능하게 한다. 정부는 다수 대중의 요구를 집행하는 기관일 뿐이다. 특히 좌파적 포퓰리즘의 경우 시민이라는 자유주의적 요소는 사라지고 인민이라는 계급적 그리고 집단적 요소가 강화된다. 그리하여 개인의 이익보다는 집단으로서 계급의 이익이 강조되고 자유적 경쟁을 지지하기 위한 법적 제도는 사회경제적 형평을 제고하라는 대중적 압력에 무력화되고 만다 (Kurlantzick 2013). 또한 좌파적 포퓰리즘은 기득권 엘리트를 견제하기 위해서 자유적이고 대의적인 민주주의 방식을 거부하고 중산층, 서민과 노동자의 직접적 참여를 촉진하려 한다(Miller et al. 1987; 주정립 2010). 심지어 인민의 요구라면 의회의 결정도 무시할 수 있다(Miller et al. 1987)는 입장을 견지한다.

포퓰리즘이 이처럼 좌파적 입장에만 서는 것은 아니다. 다음 장에서 보겠지만 포퓰리즘은 극우적 국가사회주의(national socialism)와 결합하기도 한다. 예컨대, 파시즘과 나치즘에서도 나타났듯이 주로 자산을 보유한 중산층을 지지 기반으로 삼고 서민과 노동자를 통제의 대상으로 상정하기도 한다. 그리고 가부장적인 복지혜택을 국민들에게 제공하기도 한다. 또 다른 한편에서는 미국의 트럼트 집권 전후에 나타났듯이 보수적 정당과 노동자가 연합하기도 한다.

이러한 좌우적 변형에도 불구하고 운영하는 메커니즘은 거의 유사하다. 형식적인 측면에서 아래로부터 정책의견을 상부로 전달하는 직접민주주의식 피라미드형 구조를 상정한다. 중산시민이나 서민 및 노동자의 견해를 중시하며 이들의 의견을 수렴하여 상부로 전달한다

(Lukacs 2005, 120). 그러나 외견상 아래로부터의 의견을 최종 전달받은 국가의 상층부 엘리트들은 무소불위의 권력으로 이를 집행할 권한을 갖는다. 이들은 인민 또는 민중의 명령이라는 명분으로 의회나 관료제를 압도한다. 포퓰리즘이 종종 권위주의 독재화될 수 있는 이유가 여기에 있다. 대중영합주의는 시민의 대표들이 의회에서 공익에 부합하는 정책을 토론하고 수립하여 아래로 전달하는 대의민주주의 그리고 자유민주주의적인 모형(Held 1993, 18-20)을 부정한다.

사회조직의 관점에서 볼 때 포퓰리즘은 코포라티즘과 밀접한 관련을 가지고 있다. 코포라티즘은 중세유럽의 길드조직에서 유래한 사회적 조직체제이다. 코포라티즘에 대해서는 여러 가지의 해석이 있지만 가장 주류적인 이해는 이를 사회적 이익의 수렴 및 표출체계로 이해하는 것이다 (이연호 2009, 제9장). 주로 노동조합등 사회의 다양한 직능조직을 수직적으로 엮어 이익을 조정 및 수렴하고 정책결정과정에 전달하는 사회제도이다. 이러한 이익표출체계는 의회와는 별도로 존재한다.

코포라티즘 모델중 파시즘과 밀접한 관계를 갖는 것이 소위 국가코포라티즘이다 (이연호 2009, 180). 국가코포라티즘은 정부가 관료적 영향력을 행사하여 노동조합등 코포라티스트 조직을 권위주의적으로 통제한다. 이 경우 각종 이익집단들은 국가에 위계적으로 종속되어 준정부조직으로 기능하는 경향이 나타난다. 정부의 통제강도에 따라 포용적(inclusive) 또는 배제적(exclusive) 코포라티즘으로 분류되지만 본질은 대동소이하다. 주목할 것은 코포라티스트적 이익표출제도와 의회의 역할 분담 정도이다. 국가주의적 코포라티스트 모델에 근접할수록 의회의 역할이 제약되고 사회적 모델로 갈수록 의회의 비중은 높아진다. 국가주의적 코포라티즘이 포퓰리즘과 제도적 친화성을 갖게 되는 이유도 이러한 맥락이다. 포퓰리즘과 민주주의의 가장 중요한 차이점은 의회의 기능의 실질적 작동 여부이다. 포퓰리즘은 국민의 대표 심의기구인 의회의 작동을 사실상 마비시키고 대중의 명령을 받는 정부가 사회조직이나 집단에 대해 통제력을 행사하는 것이다. 포퓰리즘을 운용하는 엘리트들은 자신을 지지하는 사회집단의 배타적 의견을 국민 전체의 의견으로 포장하여 정책으로 관철함으로써 이들의 지지를 확보한다.

의회는 국민의 의견을 수렴하고 국가 전체의 차원에서 논의하여 정책화하는 기능을 한다. 의회의 숙의 및 심의기능은 대의민주주의의 핵심이다. 그런데 선거에 의해 선출된 국민의 대표가 모인 의회가 아니라 정권이 임명한 사회조직이나 집단의 대표들로 구성된 대안적 이익표출조직을 중시한다는 점에서 포퓰리즘의 반민주성은 분명해진다.

2.2. 민족주의와 포퓰리즘

이념의 극단적 차이에도 불구하고 이러한 대중중심주의라는 배타적 체제가 등장하게 하는 원동력중의 하나가 바로 민족주의(nationalism)이다. 민족의 생존을 위해 국제화된 자본세력에 대항하거나 외국인 노동세력의 진입을 봉쇄해야 한다는 논리를 전개한다. 통상이나 이민문제에서 보호적이고 배타적인 입장을 표명하는 것도 바로 이러한 이유 때문이다 (Lukacs 2002, 58; 강명세 2019).

또 다른 한편에서는 국가의 사회와 시장에 대한 간섭을 정당화하는 이유가 초국가적 자본세력에 대응하여 중산층과 서민과 노동자의 이익을 보호하기 위함이라는 논리를 내세운다. 포퓰리즘이 부상할 때 중상주의나 복지국가론이 등장하는 것도 이러한 이유라 할 수 있다. 이처럼 민족주의적 권력을 국수적 우파엘리트가 이용할 것인지 아니면 좌파엘리트가 이용할 것인지에 따라 포퓰리즘의 이념적 색채가 결정된다. 전자가 우파적, 후자가 좌파적 포퓰리즘에 해당한다. 우파적 성향의 포퓰리즘의 예로 파시즘(Facism)과 나치즘(Nazism)을 들 수 있고 좌파적 포퓰리즘의 예로 페로니즘(Peronism)등을 들 수 있다.

파시즘이나 나치즘의 경우 전쟁의 패배를 극복하고 대공황의 늪에서 벗어나기 위해서 국수주의적이고 민족주의적인 노선을 택한 사례이다. 다음 장에서 보다 상세하게 기술할 것이지만 1917년 러시아에서 발생한 볼셰비키 혁명으로 극좌 노동세력이 공산정권을 수립한 것을 목격한 이태리와 독일은 동일한 정치변혁이 자국에서 발생하지 않도록 하자는 극우파 정치세력의 주장에 동의했다. 볼셰비키 혁명은 다국가적 자본세력에 대항하는 노동자들의 국제적 연대를 강조한 바 있다. 19세기 영국을 중심으로 번성했던 자유주의가 전세계적 규모를 가지고 있었던 것과 같은 맥락이라 할 수 있었다.

반면 포퓰리스트적 성격을 내포한 파시즘과 나치즘은 자국민 중심적이었으며 인종주의적이었다. 독일의 경우 국가사회주의를 주장하며 국가가 자본을 지배하는 국가자본주의를 표방했다. 중산층과 노동자는 국가라는 집단에 종속되는 기관적 국가주의(organic statism)를 강조했다. 따라서 노동이든 자본이든 그 지향점은 개별 국민국가였다. 이들의 국제적 연대는 반국가적 운동이라는 점에서 부정되었다. 나치정권이 노동자의 단합을 철저하게 탄압한 것도 이러한 맥락이었다(Paxton 2004, 126-128).

우파적 성격의 파시즘이나 나치즘이 상정하는 국민(folk)의 중심은 노동자이기보다는 상급노동자와 하층중간계급을 포함하는 중산층이라고 보아야 할 것이다(Sabine and Thorson 2003, 1264). 자율적인 시민은 아니지만 어느 정도 수준의 교육과 재산을 보유하여 국민으로서 마땅히 가져야 할 책임을 수행하는 이들이었다. 반면에 페로니즘과 같은 좌파적 포퓰리즘은 사회주의적 성격을 갖지만 민족주의적 요소를 강조한다는 점에서 구분된다. 국제화된 자본의 힘에 저항하고 국내의 노동자나 서민의 이익을 보호하려는 입장이다. 후일 공산주의로 발전한 볼셰비즘이 노동자들의 국제적 연대를 강조하며, 인종간 국적간 차별을 금지할 것을 주장한 것과 구분된다.

21세기에 들어서도 포퓰리즘과 민족주의의 결합은 보다 극명하게 나타났다. 한국의 문재인정권과 미국의 트럼프정권이 바로 그 예라 할 수 있다. 이념적 관점에서 본다면 전자는 진보·좌파적인 성격을 그리고 후자는 보수·우파적인 색깔은 갖는다고 할 수 있다. 이렇게 양자는 이념적으로 반대의 입장에 서 있지만 대중의 지지를 획득하기 위한 방법으로 민족주의적 정서에 호소했다는 점에서 공통점을 갖는다(이산하 2023).

우선 트럼프의 경우 백인 노동자들의 박탈감을 파고들었다. 트럼프는 미국내 일자리의 감소가 미국 제조업의 대중국 의존도 심화 그리고 이민노동자의 증가와 밀접한 관계가 있다는 논리를 전개했다. 세계화가 가속화하면서 미국의 중국내 제조업에 대한 투자가 증가했는데 이제 이를 역전시켜 제조업 시설을 미국의 영토로 다시 불러들여야 한다는 주장으로 중동부지역 노동자들의 지지를 획득했다.

문재인 정부의 경우는 북한과의 관계개선을 통해 미국과 일본에 대한 정치안보적 의존도를 낮추려는 의도를 가지고 있었다. 자신의 지지기반인 노동자와 서민의 지지를 획득하기 위해 반일·친중적 노선을 택했다. 이는 중산계층과 상류계층의 친일·친미적 성향에 반하는 것이었다. 트럼프의 포퓰리스트적 정향이 경제적 이유에 주로 기인한 것이었다고 한다면 문재인의 경우는 정치적이고 안보적 측면이 더 강했다. 경제적인 측면에서 소득주도성장론을 표방하면서도 제조업의 대 중국의존도가 증가하는 현상에 대해서는 교정하려는 노력을 크게 보이지 않았다.

이상에서 보듯이 포퓰리즘은 정치경제적인 위기를 활용하여 비주류 엘리트들이 의회나 관료제를 억압하고 정권을 획득하고 유지하기 위한 국수적 정치전략으로 작동하는 경우가 많다. 따라서 포퓰리즘을 정치적 이념으로 간주하기에는 다소 무리가 있다. 민주주의의 포장을 하고 있지만 본질은 민주주의와 거리가 멀다. 엘리트적 요소가 강한 대의민주주의나 심지어 시민의 참여를 강조하는 참여민주주의와도 그 격을 달리한다.

이념적 차이점에도 불구하고 포퓰리즘의 운영 메커니즘은 거의 유사하다. 형식적인 측면에서 아래로부터 정책 의견을 상부로 전달하는 직접민주주의식 피라미드형 구조를 상정한다. 인민 또는 대중의 의지를 강조하므로 이들의 의견을 수렴하여 상부로 전달하는 모양을 취한다(Lukacs 2005, 120). 그러나 아래로부터의 의견을 최종 전달 받은 국가의 상층부는 무소불위의 권력으로 이를 집행할 권한을 갖는다. 포퓰리즘이 종종 독재화될 수 있는 이유가 여기에 있으며(Mueller 2017), 의회중심주의를 간과하는 논리도 이 지점에서 출발한다.

민주주의에 있어서 의회의 역할은 부정되어서는 안된다. 정당을 통해 시민의 의견을 수렴하고 이를 정책화 시키는 의회는 민주주의의 핵심이다. 물론 의회도 일탈의 유혹에서 자유롭지 않다. 소위 후견인주의(clientelism)(Levitsky and Ziblatt 2018; Judis 2017)의 발흥이 그것이다. 의원들이 사회의 강력한 세력들에게 포획되어 국가 전체의 이익 즉 공익보다는 그들의 사익을 대변하는 현상도 민주주의에서 발생한다. 엘리트주의와 후견인주의는 포퓰리즘이 자신의 필요성을 정당화하기 위해 가장 효과적으로 제기하는 비판 대상이다. 그러나 이 세 가지 모두 겉모양과는 달리 반민주적인 속성을 가지고 있다는 점에서 공통점이 있다.

민주주의는 자유와 평등이라는 두 가지의 가치를 균형적으로 유지해야 하는 과제를 가지고 있다. 그런데 이 두 가치가 균형을 이루고 있는지 판단하는 단위는 개인이다. 민주주의가 시장자본주의와 양립할 수 있는 원리도 바로 개인이 그 기본단위라는 점 때문이다. 개인이 자신의 선호에 따라 합리적으로 선택하고 교환할 수 있는 사회제도가 작동할 때 민주주의와 시장자본주의는 이상적으로 공존할 수 있다(Friedman 2002). 포퓰리즘은 공동체라는 명분하에 개인보다는 집단에 더 방점을 두고 있다는 점에서 전체주의적 속성을 갖기 쉽다. 그리하여 시민 개인의 자유를 억압하고 대중을 선동하는 전략으로 활용되는 것이다.

유럽의 포퓰리즘이 한국에 주는 함의

3 스웨덴의 사민주의와 포퓰리즘

3. 스웨덴의 사민주의와 포퓰리즘: 스웨덴은 어떻게 포퓰리즘의 유혹에서 벗어났는가?[1]

3.1. 스웨덴 사민주의의 성립

스웨덴은 사회민주주의(social democracy)(이하 사민주의)적 정치모델을 보유하고 있는 가장 전형적인 국가이다. 사민주의는 좌파적 사회주의의 한 형태이며 가장 심화된 민주주의 모델이다. 다른 사회주의 모델과 마찬가지로 국가의 시장 및 사회에 대한 적극적인 역할 즉 간섭(intervention)을 강조하고 있다. 사회주의적 모델이 국가의 시장간섭을 강조했던 이유는 자유주의적 자본주의의 실패 때문이다. 1929년에 발생하여 1930년대 후반까지 진행된 경제대공황이 단적인 예라 할 수 있다.

자유주의의 실패를 극복하려는 가장 선제적이고 극단적인 시도는 러시아에서 발생했다. 1917년 레닌이 이끄는 볼세비키혁명이 발생함으로써 러시아는 극단적 사회주의의 한 형태인 공산주의 국가로 진화해 갔다. 소비에트사회주의 혁명의 주체는 무산계급 즉 노동자계급이었다. 노동자는 노동을 수단으로 생계를 해결하고 착취당하는 존재이며 이점에서 생산수단을 보유한 자본가와 대비된다.

공산주의 혁명의 폭력적인 속성을 목격한 토지계급 및 자본가 등 상층 부르주아계급으로 구성된 유럽의 보수세력은 이러한 사회주의

---

1 본 장은 이연호(2012)를 수정 보완했다.

에 대해 극도의 반감을 갖게 되었다. 상공업자 및 전문직 그리고 상층 숙련노동자들로 구성된 중층 부르주아 계급 즉 중간계급 역시 예외가 아니었다.

동유럽의 소비에트화 현상을 목격한 서유럽 국가들은 국가의 역할이 확대된 새로운 정치경제체제를 구축하고자 했다. 시장과 사회의 자유를 보장할 최소국가론(the minimal state)을 강조하는 자유주의이론의 실패가 분명해진 이상 국가의 역할증대가 당연한 대안으로 받아들여졌다. 그렇다고 해서 국가가 시장을 완전히 대체하는 공산주의 모델을 대안으로 할 수는 없었다. 공산주의 모델은 자유적 시장을 완전히 제거하는 것을 상정했으며 이 경우 자본주의 체제의 종말은 불가피했다.

따라서 고려할 수 있는 대안은 자본주의체제를 유지하되 자유방임적 시장의 문제를 국가의 시장간섭을 통해 해결하는 것이었다. 이로써 국가의 시장에 대한 역할의 확대는 보수계층은 물론 19세기 자유주의시대에 급격하게 팽창한 중간계급들에 의해서도 적극적으로 지지되었다. 국가의 간섭을 통해 시장의 실패를 극복하고 경제가 회복되어 일자리가 회복될 것을 희망했다.

문제는 국가의 역할이 주로 누구의 이익을 위해서 그리고 어떤 목적을 위해서 발휘될 것인가 하는 문제였다. 이와 관련하여 대체로 두 가지의 조류가 나타났다. 하나는 온건좌파적 접근법이었고 다른 하나는 극우파적 포퓰리스트(populist) 접근법이었다. 사민주의로 표현되는 전자의 방식은 국가가 자본가의 기득권을 용인하되 이들로 하여금 노동자와 중간계급의 일자리를 최대한 보장토록 하고 소득을

재분배하여 형평을 제고하는 정책에 동의하도록 설득하거나 압력을 행사하는 것이었다.

반면에 파시즘(Fascism)으로 표현되는 후자의 방식은 국가가 자본가들에게 정치적으로 압력을 행사하여 정부가 주도하는 공업육성 프로그램에 적극 참여하도록 강제하는 것이다. 이를 통해 국가가 경제적 그리고 군사적 차원에서 외부로 팽창할 수 있는 국가적 능력을 제고하고자 했다.

전자는 케인즈주의적 수요확대정책과도 밀접한 관계를 가지고 있었다. 국가의 시장간섭을 통해 완전고용을 달성하고 이를 통해 경제적 불평등을 개선하며 국민의 복지를 제고하는 목적을 가지고 있었다(Keynes 1936). 반면에 후자는 후발국으로서 선진국을 따라 잡기 위한 리스트F. List적 국가주의 경제론(nationalist economy)(List 1966)과 이론적 친화성을 가지고 있었다. 아래에서 보겠지만 국가 자체의 물질적 기반 (즉 경제적 그리고 군사적 기반)을 확대하기 위한 노력을 강조하다 보니 경제적 형평이나 노동자의 복지는 상대적으로 간과되었다. 심지어 계층 간의 불평등 그리고 인종 간의 불평등마저 당연한 것으로 간주되었다.

스웨덴은 이중 사민주의적 접근법을 채택했다. 사회주의적 관점에서 노동자의 이익과 복지를 제고하기 위한 국가의 역할을 강조했다. 그럼에도 불구하고 중간계급이나 자본가를 적대시하지 않았다. 이 점에서 사회주의적이거나 공산주의적이지 않았다. 사민주의는 자유주의를 배척하지 않고 포용했다. 생산수단의 사회적 소유 즉 국유화(nationalization)를 추구하지도 않았다. 국유화는 완전고용을 위한 국가의 시장간섭 방식을 극명하게 보여주는 예이다.

스웨덴의 자본가들은 자신의 재산권을 보장받았고 소유권을 바탕으로 기업경영에도 개입했다. 본래 사회주의는 생산수단의 사적소유를 비판한다. 생산수단의 사적 소유로 인해 자본가의 노동자에 대한 착취가 발생한다고 보기 때문이다. 착취는 계급간 갈등의 유발요인이다. 자본주의가 노정한 문제를 해결하기 위해 사회주의 혁명이 필요하다고 마르크스가 주장했던 이유도 여기에 있었다(Marx 1990). 그러나 스웨덴의 사민주의는 이러한 혁명적 사회주의 이념을 수용하지 않았다. 오히려 사회주의와 자유주의를 접목시키고자 했다.

본 장에서는 스웨덴 사민주의의 특성과 초기 형성과정에 살펴보고자 한다. 따라서 스웨덴 사민주의가 형성되던 1910-1930년대 기간에 초점을 맞추고 있다. 이 시기에는 세계 제1차대전(1914-1918)이 전개되고 러시아에서 볼셰비키 혁명이 발생하였으며 전 세계적 규모의 경제공황이 발생했다. 19세기에 전성기를 누렸던 자유주의에 대한 비판이 광범위하게 제기되고 노동자를 중심으로 민주주의의 압력이 팽배하였으며 자본주의의 실패로 인해 발생한 경제위기를 극복하고자 모든 국가들이 매진했던 기간이다.

이 글에서는 이 기간에 스웨덴에서 극우적 포퓰리즘 즉 파시즘이 등장하지 않고 어떤 경로를 통해 사민주의가 형성되었는지 살펴볼 것이다. 아울러 사민주의의 도입과 더불어 어떤 국가-자본관계가 형성되었는지 분석할 것이다. 특히 스웨덴식 사민주의모델의 특성을 부각시키기 위해 거의 동시대에 독일과 이탈리아에서 등장했던 파시스트 모델과의 비교분석을 시도해보려 한다. 앞서 언급하였듯이 양자는 모두 중산계층을 주요지지 세력으로 삼았다는 점에서, 또한 국가의 간섭을 통해 자본을 통솔하려 했다는 점에서 공통점을 가지고 있다. 그러나 양자의 이념적 성향은 매우 대조적이었다. 또 거의 동시대에 자유주의라는 공통의 비판대상을 가지고 등장하였지만 양자는 매우 대조적인 정치체제와 경제체제를 건설했다. 그 차이를 역사적 그리고 이론적 관점에서 분석하려는 것이다.

3.2. 스웨덴의 사민주의적 국가-자본관계

스웨덴은 중도좌파적 사민주의의 전통이 발전한 국가이다.[2] 전 세계에서 가장 발달한 복지국가를 건설한 나라이다. 노동의 정치경제적 영향력이 강하며 소득재분배정책을 통한 계층간의 형평성도 양호하다. 이와 같은 사회주의적 요소에도 불구하고 스웨덴은 사기업이 매우 발달한 나라이다. 한때 Ericsson, Scania, SAAB등 전 세계적인 지명도를 자랑하는 민간소유 대기업이 존재했었다. 이 점에서 자유주의진영의 가장 대표적인 국가인 영국과도 비교된다. 제2차 세계대전이 끝난 1945년 영국의 노동당정부는 복지국가를 건설하면서 주요기간산업을 국유화했다. 반면에 사민주의의 대표국가인 스웨덴은 국유화정책을 집행하지 않았다.

결과적으로 스웨덴은 분배와 형평을 강조하는 복지시스템과 체계적이고 포괄적으로 조직화된 노동 그리고 소수의 거대 자본가에 의

2 스웨덴 사민주의의 발생과 성장의 배경에 대해서는 이연호(2011)을 참조할 것.

해 소유된 사기업이 병존하는 독특한 자본주의 모델을 보여주고 있다. 근본적으로 사민주의 모델에 입각해 있지만 자유주의적인 속성 역시 강하게 내포하고 있다.

물론 1970년대 들어 스웨덴의 전통적인 복지국가모델에 변화가 발생했다(성낙선 2001). 중앙집권적 노사협의체제가 분열했고 신자유주의적 사조를 좇아 긴축정책이 시도되었으며 경제자유화 프로그램이 진행되었다. 그럼에도 불구하고 사민주의적 국가-자본관계의 모습은 근본적으로 변화하지 않은 채 거의 원형을 보존하고 있다.

다른 유럽의 국가들과 마찬가지로 스웨덴의 대규모 산업자본은 19세기 말부터 20세기 초에 이르는 기간에 형성되었다. 앞서 언급한 스웨덴의 대기업들도 대부분 이 시기에 창립되었다. 세계적인 대공황이 스웨덴 경제에 악영향을 미치자 사민당 정부는 기존의 안정화정책을 포기하고 1930년대에 들어 재정적 팽창정책을 수립했다. 경제공황을 타개하기 위한 방편으로 수요중심적 경제정책을 차용하고 정부재정을 풀어 수요를 자극하며 고용을 확대하는 정책을 집행했다. 1933년에는 사민당 소수정부와 농업당간의 위기협약을 체결하여 노동계급의 임금을 상승시키고 농민들에게는 농산물보조금을 지급했다. 임금이나 소득의 축소가 경기의 하락을 부채질할 수 있다고 보았기 때문이었다. 정부의 이러한 팽창적 재정정책은 자본가들에게 자본을 축적할 수 있는 계기를 마련해 주었다. 심지어 정부는 자본가들이 가격 유지를 위해 카르텔을 형성하는 것도 장려했다(김인춘 2007).

이처럼 적극적인 재정확대정책에 힘입어 실업률은 하락했고 교역에서는 흑자가 발생했다. 1933년에 고정환율제를 채택함에 따라 스웨덴의 크로나(Krona)가 저평가되면서 수출이 장려되고 수입이 억제되었기 때문이다. 사민당-노동-자본간의 협력을 통해 대공황의 위기를 극복한 경험을 바탕으로 자본은 1938년 살츠요바덴(Saltzjöbaden) 협약에 참여하는 등 3자간의 사회적 연대를 수립하는데 적극 협조하였다. 산업자본은 노동의 존재를 인정하고 그들의 복지를 향상시키기 위하여 소득재분배정책을 집행하는 것에 동의하는 대가로 소유 및 경영권을 보장받았다. 아울러 노동으로부터 임금상승 자제 및 파업자제를 약속받았다(김인춘 2007, 55). 스웨덴의 대기업들은 대부분 해외시장 의존도가 높은 수출기업들이었다. 따라서 국제경쟁력을 유지하기 위해서는 안정된 임금과 노사관계를 통해 생산의 지속성을 확보해야 할 필요가 있었다.

유럽의 일부 국가들은 2차대전 후 시장에 대한 국가의 간섭을 극대화하는 국유화정책을 추진한 바 있다. 완전고용을 달성하는 것을 핵심으로 하는 수요관리능력을 제고하기 위한 방편이었다. 국유화를 통해 정부의 재정투입효과를 극대화하는 한편 노동자의 고용을 향상시켜 분배적 정의의 문제를 해결하고자 했다(Keynes 1936, 378-379). 그런데 정부의 재정지출이 확대될 경우 대규모 사기업들이 최대의 수혜자가 될 개연성이 높았다. 이러한 문제의 발생을 예방하기 위해서 영국의 경우 주요 기간산업을 국유화시킴으로써 정부재정지출의 혜택이 공공분야로 회귀될 수 있도록 했다.

반면에 스웨덴 사민당은 사기업의 존재를 인정하면서 생산수단의 공적소유 즉 국유화를 시도하지 않았다. 대신에 강력한 소득재분배정책을 도입하고 이익집단간의 무절제한 경쟁을 조절하기 위한 코포라티즘을 도입함으로써 정부의 재정지출 효과가 사회전체에 미칠 수 있도록 했다. 국유화를 유보하는 대신 정부의 지출증대가 사기업에만 과도하게 혜택을 주게 되는 상황을 사후적으로 통제하고자 했다. 이에 호응하여 노동은 임금의 인상을 자제했다. 사회협약을 통해 수출경쟁력을 확보할 수 있는 수준에서 임금이 결정되면 이를 수용했다.

그 결과 스웨덴의 기업들은 정부의 공적투자확대 그리고 안정적인 노사관계의 혜택을 향유했다. 아울러 개인의 소득에 대해서는 높은 세율을 적용함에도 불구하고, 기업의 이윤이 재투자되는 한 매우 낮은 수준의 법인세가 부과되었다. 자본은 이러한 혜택을 통해 효율적으로 자본을 축적하는 대신 성장의 과실을 노동과 사회에 환원하는 조치를 수용했다.

사민당정부는 자본집중을 조장함으로써 사기업들이 규모의 경제를 통해 보다 효과적으로 성장을 달성할 수 있도록 배려했다. 살츠요바덴조약을 통해 안정적 노사관계를 구축했을 뿐만 아니라 독점대주주에 의한 소유와 경영의 일체화를 정당화해주었다. 사민당은 이러한 조치를 통해 자본이 해외로 탈출하는 것을 예방하고 기업이 국내에서 고용을 확대하도록 유도했다.

그 결과 스웨덴의 대기업에 의한 경제력 집중도는 빠르게 높아졌다. 현재에도 산업전반에 걸쳐서 소수의 가문이 지배적 위치를 차지하고 있다. 이들은 주요 은행을 소유하고 있으며 다시 이 은행들은 기업을 소유하거나 지주회사를 설립하여 이들을 통제하고 경영한다. 가장 대표적인 사례로 발렌베리(Wallenberg)가문이 소유한 기업들은 스웨덴 상장주식 시가총액의 40%, GDP의 30%를 차지하고 있을 정도이다(김인춘 2007, 57). 이들은 지주회사를 통한 피라미드적 소유구조와 차등의결권을 이용하여 소유 기업을 통솔한다.

이처럼 정부와 노동이 자본에 대하여 혜택과 협조를 제공하고 있지만 이것이 대가 없이 무조건 지급되는 공짜선물은 아니다. 생산성을 향상시키는데 실패한 기업들은 퇴출을 각오해야 했다. 예컨대 렌-메이드네르(Rehn-Meidner)모델로 불리는 연대임금정책은 높은 생산성을 구가하는 기업들에게는 추가적인 이윤을 가져다주었지만 반대의 상황에 처한 기업들에게는 퇴출을 강요했다.

이 정책의 핵심은 다음과 같다. 케인즈주의모델에 입각한 수요확대정책은 생산성이 낮은 기업을 유지시킨 채 고생산성 기업의 초과이윤과 임금인상을 통한 인플레이션을 유발할 가능성이 높다. 특히 국유화된 기업들의 경우 생산성이 낮더라도 완전고용을 유지하기 위해 정부재정을 낭비하며 생존이 유지되는 경우가 많다.

이에 스웨덴은 케인즈주의모델의 변형을 시도했다. 성장과 더불어 안정을 성취할 수 있는 방안을 보완했다. 연대임금정책은 동일한 노동 즉 동일한 산업분야의 임금을 획일화시켜 동일한 수준의 임금을 제공한다. 따라서 생산성이 높은 기업들은 상대적으로 낮은 임금을 바탕으로 높은 수준의 이익을 획득할 수 있다. 반면에 생산성이 낮은 기업은 유지되기 어렵게 된다. 이들을 지원하기 위해 정부재정을 투입할 경우 인플레이션이 발생할 수 있으므로 정부는 부실기업의 퇴출을 유도하고 여기서 발생하는 실업노동자들에게는 적극적 노동정책을 통해 새로운 일자리를 제공한다(미야모토 2003). 결국 기업들은 높은 생산성을 유지하는 한도 내에서 혜택을 누릴 수 있는 권리를 누리며, 이 전제가 무너질 경우 정부의 엄정한 원칙에 따라 구조조정을 집행당하게 된다.

이처럼 스웨덴 모델은 성장과 분배를 동시에 달성하는 뛰어난 발전모델이었지만 이 역시 1970년대에 발생한 오일파동의 여파로부터 자유로울 수는 없었다. 게다가 1980년대부터 전세계로 파급된 신자유주의 그리고 그에 따른 금융자유화로 인해 스웨덴의 경제는 구조적인 변화의 위기에 처하게 되었다.

우선 오일파동으로 인한 전세계적 경기침체와 수요의 감소가 발생하면서 스웨덴의 수출산업은 큰 피해를 경험했다. 이에 자본가의 이익을 대표하는 스웨덴사용자연합(SAF: Sveriges arbetsgivareföreining)은 정부에 경제자유화를 거세게 요구함으로써 사태해결의 실마리를 찾고자 시도했다. 또한 전국단위의 중앙집권적 단체교섭체제에서 탈피하여 산업별 교섭과 지부별 교섭을 요구했다. 그 결과 1983년에는 생산직노동자노조의 중앙조직인 LO(Landsorganisationen) 내부에서 가장 높은 이윤을 향유하는 금속노조와 SAF측의 금속연맹이 LO-SAF중앙교섭을 탈피하여 독자교섭을 시도했다. 이로써 중앙집중적 단체교섭체체가 사실상 분열되었다(강명세 2004 ; 안재흥 2002).

전국적 차원의 중앙단체교섭을 붕괴시킨 자본은 아울러 해외직접투자를 단행함으로써 대규모 자본유출을 시도했다. 스웨덴의 해외직접투자는 1970년대에는 1년에 10억 크로나, 1980년대 초에는 50억 크로나 그리고 1980년대 말에는 800억 크로나로 급증했다(성낙선

2001, 152). 이처럼 SAF로 대표되는 자본은 노사정 3자기구에서 탈피하고 해외로의 이전을 시도했던 것이다.

그러나 자본의 이러한 반동이 결코 스웨덴 정치경제체제의 사민주의적 요소의 실종을 의미하지는 않았다. 자본의 체제 탈피 시도가 진행되었던 것과 병행하여 노동계에서는 경제를 민주화시키려는 시도를 전개하였고 다소 제한적이기는 하지만 성공을 거두었다. 사실 자본이 국외 탈출을 가속화했던 원인중의 하나로서 노동으로부터의 경제민주화 요구가 지목될 수 있다. 1970년대에 접어들어 경제력의 집중현상이 심화되자 노동을 중심으로 경제민주화에 대한 요구가 급격하게 부상했다. 1970-76년의 기간중 3천7백개의 기업이 합병되었으며 그 결과 1976년에는 스웨덴 피고용자의 76%가 상위 2백대기업에 의해 고용되기에 이르렀다(미야모토 2003, 230-234). 자본집중현상은 노동자들로 하여금 상대적 박탈감을 강하게 느끼게 하였고 결국 파업이 증가하여 스웨덴의 안정적인 노사관계를 위협했다.

경제민주화의 면모를 가장 단적으로 보여주는 사례가 1983년의 임노동자 기금설치이다. 이는 렌-메이드네르 모델에 입각한 연대임금제의 혜택으로 이익률이 높아진 선도 기업의 이익 중 일부를 임노동자기금에 적립시킴으로써 기업의 초과이익을 노동자들이 회수토록 하는 제도이다. 장기적으로 노조가 대기업의 지배주주가 되고 소수대주주에 의한 소유집중을 견제하는 장치이다. 과도한 자본집중을 배제하여 대자본의 권력을 제한하고 노동자의 경영에 대한 영향력을 증대시키는 효과를 지향한다(성낙선 2001, 154).

임노동자기금의 당초 안은 다소 과격한 요소를 내포하고 있었으므로 SAF의 강력한 반발을 불러일으켰다. 1976년 LO가 사민당과 사전 상의 없이 임노동자기금안을 제안한 여파로 실각했다가 1979년 선거에서 재집권한 사민당은 SAF와 다시 한번 중재적 타협을 시도했다. 임노동자기금법을 입법하되 1990년도에 기금징수를 중지하는 내용을 포함시켰던 것이다. 결국 살츠요바덴 조약을 통해 자본가들의 재산권 보장과 노동자의 복지를 맞교환했던 것처럼 사민당과 자본 그리고 노동은 다시 한번 서로의 기득권을 인정하는 방향으로 임노동자기금 설치에 관한 법안을 마무리했다(미야모토 2003, 238-239).

이상에서 보듯이 스웨덴의 사민주의적 국가-자본-노동관계의 핵심은 교환-타협, 성장-분배, 그리고 자유-형평간의 조합이다. 국내적으로 경제력 집중현상이 심화되고 국제적으로 신자유주의적 경제자유화가 가속화되면서 국가-자본-노동 간의 관계에 다소의 변화가 있었던 것이 사실이다. 그렇다고 해서 사민주의 모델의 핵심은 변하지 않고 유지되고 있다. 공동체적 가치에 대한 존중을 유지하고 있으면서도 개인의 이익 추구를 정당화하는 자유주의적 가치가 그 이상으로 강조되고 있다. 스웨덴의 사민주의적 국가-자본관계는 재산권의 존중이라는 자유주의적 가치에 기반하고 있지만 이는 자본이 노동을 동등하게 존중하고 그들의 복지제고에 적극 협조한다는 전제하에서 성립된다. 스웨덴의 사민주의는 사회주의의 일종이지만 자유주의적 속성 역시 강하게 존재하고 있음이 명백하다(이연호 2011). 자유주의적 친화성이 없었다면 급진적 사회주의 또는 공산주의로의 전환 가능성이 더 높았을 것이다. 그렇다면 20세기 초반에 이러한 스웨덴식 사민주의 모델이 등장하게 된 역사적 그리고 이론적 배경은 무엇이었을까?

3.3. 20세기 초반 자유주의의 제 문제

사민주의가 스웨덴에서 등장하게 된 사상적 배경은 무엇보다도 자유주의적 자본주의에 대한 비판에서 찾을 수 있다. 앞서 언급한 바와 같이 사민주의는 좌파적 사회주의의 한 종류이다. 다른 사회주의적 사조와 마찬가지로 19세기에 전성기를 구가하던 자유주의사상 그리고 이를 배경으로 등장한 시장자본주의에 대한 반동의 일환으로 등장했다.

19세기는 자유주의의 시대였다. 오늘날까지 자유주의는 여러 가지의 정의로 진화해왔다. 그러나 당시를 풍미했던 고전적인 의미의 자유주의란 계몽된 이기심의 추구가 그 자신에게 뿐만 아니라 사회전체에게도 최선의 길이므로 개인의 자유가 전적으로 보장되어야 한다는 것이었다(이근식 1999, 1장: Smith 1993). 상업에 있어서 자유무역, 시장에 있어서의 자유경쟁 그리고 종교의 자유등이 이러한 사상에 기반한 것이었다. 아담 스미스A. Smith의 자유교역론(Smith 1993)이나 리카도D. Ricardo가 주장한 국제교역에 있어서의 비교우위론(Ricardo 1908)등이 자유주의의 대표적인 이론이었다. 후일 스펜서H.Spencer등이 주장한 자유방임적 국가나 최소국가론(Sabine and Thorson 1973, 651-655) 역시 이러한 사상의 연장선상에 서 있었다. 즉 국가는 자유경쟁의 운용을 방해하는 각종 장애물을 제거하는 역할에 집중해야 한다는 것이다.

고전적 자유주의는 개인의 자유에 최우선 순위를 두는 만큼 개인주의적 속성을 강하게 내포하고 있었다. 그러나 여기에서 언급하는 개인이란 계몽된 개인이며 이성과 합리성, 교양 그리고 사유재산으로 무장한 시민 또는 부르주아를 지칭한다. 따라서 시민의 정치참여를 주장하였으되 교양과 재산을 보유하지 못한 노동자나 여성까지 포함한 것은 아니었다. 자신의 판단에 대한 책임질 수 없고 독립적 능력을 향유하지 못하는 사람은 정치참여에서 배제되어야 한다고 보았다(Held 1984, 42-50). 특히 참정권을 제한함에 있어서 재산의 소유 여부는 매우 중요한 요소였다.

이처럼 개인의 자유를 최우선으로 강조하다 보니 앞서 언급한 바와 같이 최소한의 국가(the minimal state)를 추구했다. 자유주의적 국가는 개인 나아가 사회 및 시장이 자율성을 확보할 수 있도록 여건을 마련해주는 것이 주된 역할이다. 따라서 자본은 정부로부터 높은 자율성을 누린다. 자유주의적 자본주의는 경쟁이 활발하게 전개되는 자본주의체제 하에서 국가의 간섭은 효용이 상실된다고 주장한다. 즉 시장의 자유경쟁 메커니즘이 국가의 간섭보다 훨씬 효율적으로 자원을 분배할 수 있으며 도덕적으로 정의롭다는 신념을 가지고 있었다(Smith 1993). 이러한 경쟁메커니즘은 정치에도 적용된다. 전제적 또는 독재적 정치보다는 정치행위자들이 자유롭게 경쟁하고 유권자의 선택을 받는 자유민주주의적 정치체제가 가장 합리적으로 정책을 결정할 수 있다고 간주한다.

그러나 낙관주의적인 자유주의 이론은 곧 한계를 노정했다. 무엇보다도 자유주의적 자본주의경제에서 자연스럽게 발생할 것으로 기대했던 낙수효과(trickle down effect)가 발생하지 않았다. 자본가들이 자유로운 자본축적을 통해 부를 창출하면 그 혜택이 노동계층에

까지 흘러내려 확산될 것이라는 낙관적인 기대가 구현되지 않았다.

이에 마르크시스트를 비롯한 사회주의자들은 부르주아 혁명이 발생한 위기의 시기(1815-1848)를 거치면서 부르주아들이 노동자들을 착취했다고 비판했다. 실제로 18-9세기의 산업혁명을 통해 형성된 자본주의는 착취적 양상을 노정했다. 자본가와 노동자간의 빈부간의 격차가 심화되어 사회적 갈등이 격화되었다. 자본가들은 자본의 조직화(예컨대 카르텔cartel이나 수직적 다각화vertical integration)를 통해 부를 축적하고 자신들의 정치, 사회적 영향력을 증대시켰다. 자본이 이처럼 조직화를 시도한 이유는 경쟁을 예방하고 독점을 영구화하기 위해서였다. 또한 규모의 경제(scales of economy)를 달성하여 이윤을 극대화하고자 하는 목표를 가지고 있었다.

자유자본주의의 문제가 발생하게 된 근본원인은 무엇보다도 시장의 실패(market failure)때문이다. 균형이론이 상정하는 것과는 달리 독점이 발생하거나 외부효과가 발생할 경우 가격은 그릇된 신호를 보낼 수도 있다(Caporaso and Levine 1993, 95-96). 예컨대 계약에 의해 움직이는 노동시장은 가격신호에 부적절하게 반응할 수 있다. 만일 가격이 신호에 반응한다 하더라도 생산요소들은 유동성이 부족하여 적시에 반응하지 못하는 경우가 발생할 수 있다.

자유주의가 상정했던 낙관적 도구였던 자유경쟁 역시 한계에 봉착하고 말았다. 자유시장은 더 이상 공정한 경쟁이 존재하는 이상적 시장이 아니었던 것이다. 자유경쟁은 종종 독과점으로 귀착하기 일쑤였고, 노동착취를 통해 인간성을 말살시키고 빈부간의 갈등을 심화시켰다고 비난 받았다. 정치분야에서도 자유적 경쟁에 기반한 정치체제는 비효율적이고 혼란을 야기할 뿐 노동자의 이익을 대변하지 못했다.

이러한 자유주의와 자본주의에 대한 비판적 사회운동의 실체는 1917년 러시아에서 발생한 프롤레타리아 혁명을 통해 극명하게 구체화 되었다. 레닌등이 주도한 소위 볼셰비키혁명은 자본주의의 타도를 천명했다. 러시아 혁명의 급진적이고 폭력적 속성은 자유주의세력뿐만 아니라 이에 비판적이었던 보수주의 세력에게도 공포를 느끼게 했다. 왕과 귀족들도 중산 시민계층의 지지를 받은 자유주의의 세속적 속성에 대해 비판적인 입장을 가지고 있었다. 하지만 그들 역시 프롤레타리아가 타도하고자 하는 부르주아 계층의 일부였으며 자본주의의 혜택을 가장 많이 향유하던 계층이었다.

1929년에 시작된 대공황은 자본주의의 종말에 대한 사회주의의 예언이 옳을 수도 있다는 점을 증명해주는 결정적인 사건이었다. 마르크스가 예견한 대로 자본주의체제는 결국 이익률체감을 경험할 수밖에 없으며 이 문제는 결국 대공황으로 현실화 된 것으로 이해되었다 (Marx 1990). 경제위기를 극복하려는 시도로서 각국은 자유주의적 경제정책을 철회했다. 1931년부터 영국을 필두로 금본위제도를 정지시켰고 무역수지를 개선하기 위해 보호주의를 강화했다.

사민주의와 파시즘은 대공황을 통해 현실화된 자유주의와 자본주의의 위기를 극복하기 위한 수단이었을 뿐만 아니라 자유주의에 대한 혁명적 타도를 주장한 볼셰비즘 즉 공산주의의 확산을 회피하려는 대안으로 등장했다. 양자는 이처럼 동일한 극복대상을 설정하고 있었지만 매우 대조적인 해결방안을 추구했다. 상기한 바와 같이 스웨덴은 온건좌파적 사민주의전략을 선택했다. 반면에 독일, 이탈리아 그리고 스페인 등은 극우파적 포퓰리즘이라 할 수 있는 파시스트 전략을 선택했다. 그러면 사민주의적 모델은 파시스트적 모델과 어떻게 다르며 여기서 나타난 국가-자본관계는 어떻게 구분되는지 아래에서 비교적 분석을 통해 살펴보도록 한다.

3.4. 극우적 포퓰리즘의 등장: 파시즘(Fascism)

20세기 초반 유럽에서 나타난 파시즘의 모습은 다음과 같았다. 파시즘은 반자유주의적(반개인주의적)이고 반사회주의적(반마르크스적)인 국가주의(nationalism)를 지향하는 정치이데올로기이다. 대중을 광범위하게 조직하고 동원하기 위해 국가주의를 강조하고 개인주의적 삶을 부정한다. 파시즘은 전체주의(totalitarianism)를 지향한다. 즉 시민사회의 사적영역을 국가의 공적영역으로 흡수하여 주권적 민족국가를 건설한다. 또한 파시즘은 권위주의적 통치를 신성화한다. 민주적 정치는 세속적인 것으로 평가 절하된다. 통치는 효율적이지만 민주적 정치는 낭비를 유발한다고 본다. 최고 통치지도자는 곧 민중의 신성화된 지도자이며 루소의 일반의지를 실현하는 사람이다(장문석 2010; Noakes and Pridham 1984, 70).

파시즘의 등장은 자본주의의 팽창에 힘입은 바 컸다. 제1차세계대전(1914-18)이 끝나고 1929년 시작된 세계경제대공황을 경험하며 1930년대에 접어들자 유럽의 시민들은 사회주의적 국제주의나 자유주의적이고 민주적인 자본주의 질서에 모두 실망을 느끼기 시작했다.

파시스트들은 자본주의의 실패에서 파생된 문제를 해결함에 있어서 국가주도적이고 공동체주의적인(communitarianism) -보다 직설적으로는 집단주의적이고 전체주의적인- 전략을 도입할 것을 역설했다. 특히 극우파 파시스트들은 극좌파 볼셰비즘으로부터 나라를 구하자고 주장했다. 파시스트들은 위계적이며 불평등한 사회질서를 옹호하면서 사회주의적 노동세력의 정치적 부상을 견제하고자 했다. 이러한 주장에 동조하는 중산계층은 국가주의적이고 민족주의적인 공동체주의를 주장하는 파시스트들에게 지지를 보내기에 이르렀다(장문석 2010, 37).

파시즘은 자유주의와 사회주의(특히 혁명적 사회주의를 주장하는 공산주의)를 모두 혐오했다. 파시스트들은 자유방임주의를 주장하는 자유주의적 국가가 1914년 이래 각종 문제해결에 있어서 무능함을 보여주었다며 다음과 같은 논조로 비판했다. 자유주의적 자본주의의 문제로 인해 실업률의 증가, 물가의 폭등, 그리고 빈부 간의 격차확대 등의 문제가 발생했다. 이에 사회주의적 반동으로 사회혁명을 주장하는 노동계층이 확대되자 자유주의정부는 시민의 책임을 다하지도 교육을 받지도 재산을 소유하지도 못한 계층들에게까지 선거권을 부여했다. 자유주의적 국가는 대중의 여론을 휘어잡지 못했고 단호하게 무력을 사용하지도 못했다. 이처럼 파시스트들이 본 자유주의자들은 사회주의자들과 노동세력이 주도하는 계급전쟁에 대항하여 국가를 수호하지 못하는 무능한 존재였다(장문석 2010, 61).

이태리와 독일 등에서 자유주의자들과 보수주의자들은 스웨덴과는 달리 파시스트들과 협조하는 대안을 선택했다. 소비에트로 불리는 노동자평의회가 실질적인 지배기구로 작동하는 러시아의 공산주의 모델을 목격하자 자본계층과 더불어 노동자들과의 차별적 신분을 누리고 있던 중간계급 시민들은 재산과 생명의 위협을 느꼈던 것이다. 러시아에서 볼셰비키혁명이 성공하자 보수계층은 레닌의 추종자들이 서유럽에서도 성공할 가능성이 있다는 우려를 갖게 되었다. 그러나 이들은 혁명적 세력의 부상을 견제해줄 대중을 규합할 능력을 결여하고 있었다. 따라서 여러 가지 주저함에도 불구하고 파시스트들과 협조하는 대안을 선택하게 되었다(장문석 2010, 61). 사회주의자들보다는 파시스트들과 연대하는 것이 유리하다고 판단했던 것이다.

당시 사회주의의 확산이 극우적 파시즘이 등장할 수 있는 기반을 조성했다는 점을 부정하기 어려울 것 같다. 1848년 이래 사회주의 좌파는 민주주의 좌파와 더불어 중간계급과 노동계급은 물론 혁명을 꿈꾸는 지식인세력의 지지를 받았다. 그러나 온건한 사회주의세력이 대중의 지지를 바탕으로 의회에 진출하여 제도권 정치세력의 일부가 되면서 혁명을 꿈꾸던 노동계급과 지식인들에게 실망을 안겨주었다. 이들은 사회주의가 정부와 타협을 일삼는 의회사회주의자들로 그리고 민주주의자들로 변모했다고 비판했다.

제1차 세계대전이 끝난 후 사회주의의 현상 타개 능력에 환멸을 느낀 세력들이 극단적으로 양극화된 진로를 택하기 시작했다. 일부는 비타협적이고 혁명적인 볼셰비즘으로 또 다른 일부는 국가주의적 생디칼리즘을 거쳐 파시즘으로 전향했다. 이태리의 무솔리니도 그 한 예였다. 당초 사회주의를 추종했던 무솔리니는 사회주의의 국제주의(internationalism)가 국가의 중요성을 간과한다는 점을 비판하면서 사회주의진영으로부터 결별하고 파시즘으로 전환했다(Berman 2006, 126).

이처럼 파시즘은 국가의 중요성과 역할을 강조한다. 파시즘은 의회, 시장, 학교라는 자유주의의 세 가지 핵심제도로는 볼셰비키혁명과 같은 도전에 대응할 수 없다고 주장했다. 자유적 경쟁에 의한 선거를 통해 선출된 국민의 대표들은 어려운 결정을 내릴 능력이 없고, 시장의 자동조절기능은 붕괴하기 일쑤이며, 개인주의를 가르치는 학교는 계층간의 갈등을 치료하고 공동체를 통합하기에 역부족이라고 보았다(Paxton 2004, 114-115). 예컨대 무솔리니는 조국의 국제적 지위를 향상시키기 위해 이태리인들이 국가적으로 그리고 민족적으로 단결해야 한다고 주장했다. 국가적 단결을 위해서는 계층 간 갈등이라는 개념은 당초부터 배제되어야 했다. 무솔리니와 같은 파시스트들은 자유주의와 공산주의로부터 위협받는 조국의 질서와 안정을 회복해야 한다고 주장했다.

개인보다는 국가의 이익이 가장 중요한 것임을 주장한다는 점에서 파시즘은 자유주의나 심지어 마르크스주의와도 극명하게 구분된다. 자유주의는 개인의 이익을 극대화 할 것을 주장하는 반면에 후자는 국가를 지배엘리트의 도구로 간주한다. 양자 모두 국가중심적이기보다는 사회중심적인 입장을 취한다. 이에 비해 파시즘은 국가를 개혁의 주체로 보면서 개인이나 사회집단의 이익보다 상위에 존재하는 강력한 존재로 간주한다. 국가는 일국의 정치, 경제, 법적조직이므로 정신적이고 도덕적인 존재이며 모든 가치의 종합체이다. 이처럼 지배적이고 통솔적인 국가를 강조하다보니 집단주의적이며 나아가 전체주의적 속성을 갖는다(Griffin 1995, 64).

파시스트는 국가가 국민으로부터 독립을 누려야 하며 국민들에 대한 직접적인 책임을 지지 않아도 된다고 주장한다. 궁극적으로 파시즘 하에서 주체적 시민은 없으며 단지 신하(subject)들만 존재한다. 국가는 인민의 의지에 반응하는 것이 아니라 국가자신의 의식(conscience)에 반응할 뿐이다. 파시스트는 자유주의나 사민주의가 주장하는 형평(equity)의 개념에 동의하지 않았다. 인류 간 불평등은 불가피하며 심지어 이로운 면도 있다고 주장했다. 불평등은 사회를 진화시키는 원동력이기 때문이다. 이로써 민주적 지배는 부정된다. 다수가 직접 인간사회에 대한 통치에 참여할 수 없다는 것이다. 따라서 보통선거제(universal suffrage)의 도입을 통한 강제적 형평화는 바람직하지 않다고 주장한다(Berman 2006, 133).

파시즘이 보여주는 중간계급과 노동계급에 대한 인식은 이중적이다. 보수주의자들이나 고전적 자유주의자들과는 달리 이들 대중을 정치권 밖으로 몰아내려 하지 않았다. 파시스트정권은 일단 이들의 선거권을 박탈하기보다는 포용하여 자신의 지지기반으로 만들고 보수주의나 자유주의와 결별하게 유도했다.

그러나 정권을 쟁취하고 난 이후에는 다른 중간계급과 노동계급을 차별적으로 대했다. 모든 계층을 동일하게 취급하며 계층을 화합시킨다는 약속을 지키지 않았다. 특히 자신의 주요기반인 중간계급이 하층 노동계급에 대해 가지고 있던 우려와 분노를 분출하도록 유도했다. 파시스트 정당은 중간계급 출신들이 다수를 점했다. 무솔리니나 히틀러 자신도 모두 중간계급의 출신 배경을 가지고 있었다. 노동계급의 참여를 완전 배제하지는 않았지만 그렇다고 이들의 배경을 불문하고 모두 받아들이지는 않았다. 사회주의적인 결사문화(클럽, 신문, 조합, 집회)에 과도하게 노출된 볼셰비키 노동자들은 경계대상이었다(Paxton 2004, 126-128). 실업상태에 있는 노동자들도 배제되었다.

이처럼 파시스트 정부에게 있어서 노동계급은 사실상 통제의 대상이었다. 이점에서 파시즘은 사민주의나 공산주의와 단적으로 구분된다. 예컨대 공포, 분열, 이권, 여가등의 수단을 통해 노동자들이 체제에 저항하지 못하도록 통제했다. 자율적인 노동자조직을 탄압함으로써 노동세력의 파편화를 유도했다. 파시스트 정부에게 협조적인 노동세력을 정부가 직접 조직하여 이들에게 이권을 제공했다. 공식노조들의 대표만 합법적인 대표로 인정하고 이들만 국가의 정책과정에 참여시켰다. 소위 국가주도적인 코포라티스트(corporatist)적 노동관계를 구축했다.

또한 무솔리니는 1927년의 노동헌장을 통해 노동자와 자본가들이 서로 공동의 이익을 모색하고 계급간 갈등을 누그러뜨리도록 제도를 마련했다. 1939년에 이르러서는 이러한 코포라티스트적 협의제도가 의회를 실질적으로 대체하기에 이르렀는데 이 단계에 이르자 노동자에 대한 통제는 더욱 제도화되는 결과를 낳았다. 실질적으로 기업가들이 노동자 조합을 운영하는 주체가 되었고, 배제된 노동자들은 이 과정에 참여할 수도 없었다(Paxton 2004, 311-312). 또 파시스트 정부는 사회보장제도를 지원했다. 이는 노동자들의 임금을 보전함으로써 노동을 국가에 종속시키려는 시도였다. 건강보험, 노령 및 장애인

연금, 유급휴가, 주당 40시간 근무, 산후휴가(maternity benefits)등 전통적인 복지혜택뿐만 아니라 여가를 향유할 수 있는 시설과 제도를 제공했다.

중간계급을 중심으로 한 국민대다수의 파시스트 정권에 대한 지지는 전반적으로 높았다. 그러나 이러한 지지가 자비로운 지배의 결과라고 보기는 어렵다. 파시스트 정부는 선택적으로 그리고 효과적으로 테러라는 통제수단을 사용했다. 독일의 경우 나치의 폭력은 1933년 이후 매우 광범위하게 행사되었다. 강제수용소가 운영되었고 반체제 인사들은 공개 처형되었다. 나치정부는 유대인, 마르크스주의자 그리고 동성애자, 범죄자를 포함하는 반사회집단을 대상으로 폭력을 행사했다. 따라서 일반 국민들은 설사 반감을 가졌다 하더라도 폭력적인 정부에 대해 침묵했다.

파시스트 정권은 평등과 분배같은 민주주의적 가치와 거리를 두었다. 군, 생산능력, 질서 그리고 국부國富가 필요하다고 보았다. 따라서 기존의 권력요소들을 국가에 복속시키고자 했다. 국가와 민족에 대한 강조는 민주주의적 국가-시민관계의 변화를 강요했다. 무엇보다도 개인을 국가공동체에 종속시키고자 했다. 자유주의국가는 국가가 개인의 권리와 자유를 수호한다는 사회적 계약에 기초하여 수립되었지만 파시스트 국가는 그렇지 않았다.

국가는 민족의 운명을 구현하는 존재였다. 따라서 파시스트 국가하에서 개인의 권리와 자율성은 박탈당했다. 시민이 자율적으로 대표를 뽑거나 정책결정과정에 개입할 수 있는 절차도 제거되었다. 의회는 무력화되었고 선거는 가부만을 결정하는 지지행사로 대체되었다. 결국 지도자들은 시민의 견제 없이 무제한으로 권력을 행사했다. 파시스트 정권은 공동체의 분열을 야기하는 요인으로 선거정치와 좌파의 계급투쟁 그리고 프롤레타리아의 계급투쟁을 지목했다. 자유주의는 자유경쟁에 입각한 개인중심의 인간관계를 주장한다. 그러나 이러한 처방으로는 공동체가 직면한 위기를 극복할 수 없다고 주장했다. 공동체를 단합시킬 수 있는 것은 국가이며 국가의 행동은 설득과 조직화, 나아가 강제력이 동원되어야 한다고 역설했다(Paxton 2004, 322-324). 시민들간의 유기적 결속이 아닌 기계적 결속을 강화시키기 위해 시민들을 규율로 묶어 통합을 시도해야 한다고 주장했다.

파시스트 정권은 공적 영역으로 사적 영역을 흡수하여 양자간의 구분을 제거하고자 했다. 국민단합이라는 목표에는 자율적 개인이나 독립적인 사회조직이 들어설 수 없다는 것이다. 국가와 자본의 관계 역시 이러한 맥락에서 설정되었다. 비록 초기단계에는 파시스트 정권이 사유재산을 인정하고 사회주의식 국유화를 추진하지는 않았다. 개인 기업의 자율성을 강조하고 국가와 사회에 의한 생산수단의 통제를 폐지하고 민간부문으로의 이전을 주장했다. 이는 파시즘이 볼셰비즘의 가장 첨예한 대항자이며 사적 재산의 수호자라는 이미지를 각인시키기 위한 전략이기도 했다. 다만 자유적 자본주의의 핵심세력이라 할 수 있는 부재지주나 착취적 자본가를 비판하고 공공선과 사적재산에 대한 이들의 사회적 의무를 강조했다(Schnapp et al. 2000, 10-18; Payne 1995). 그럼에도 불구하고 계획경제를 실시하는 파시스트 국가의 통제로부터 자본은 결코 자유로울 수는 없었다.

파시즘은 시장과 자본주의를 우려의 대상으로 인식하고 있었다.

계층 간의 갈등이나 분파적 이익추구의 요구 등이 국가에 의해 제어(discipline)되어야 한다고 주장했다. 전체주의적이고 국민국가적인 가치를 강조했던 것이다. 코포라티즘을 통해 노동과 자본의 이익을 수렴하는 장치를 만듦으로써 갈등을 최소화 할 수 있는 방법을 모색했다. 파시즘은 경제에 대한 정치의 우위를 역설하면서 국가가 시장과 사회에 대해 힘을 행사할 수 있음을 정당화했다.

이러한 맥락에서 파시스트정권은 자본을 전략적 협력대상으로 간주했다. 양자 간에는 긴장과 갈등의 측면이 공존했다. 파시스트세력이 집권을 하기 위해서는 보수세력과 자본의 지지가 필요했다. 무솔리니나 나치즘을 표방한 히틀러 등 포퓰리스트 정권의 지도자들 대부분은 귀족이나 자본가 계급출신이 아니었다. 오히려 중하류계층 출신이 다수였다. 따라서 집권을 위해서는 자유주의 체제하에서 자리잡은 기득권층의 지지와 협력이 필요했다. 그리고 군수경제의 육성을 위해서는 전문경영인들의 능력과 전문가들의 기술이 필요했다. 볼셰비즘의 확장에 위협을 느낀 자본도 노동계급의 세력을 통제해 주는 한 그리고 대공황의 위기를 극복할 수 있도록 도움을 제공하는 한 파시즘과 협조할 용의가 있었다. 파시스트 정권의 집권 후에도 양자 간의 공생적 입장에 대한 근본적인 변화는 없었다. 대공황을 극복하고 전쟁을 준비하려는 파시스트 정권에게 있어서 자본은 전략적으로 중요한 동맹대상이었다. 자본의 입장에서도 군비재무장사업을 통해 막대한 양의 생산품이 주문되고 노동에 대한 엄격한 통제가 제공되는 한 파시스트 정권은 매우 유용한 후원자였다(장문석 2010, 57-59).

그러나 양자가 결코 일체적인 존재가 아니었고 평등한 관계도 아니었다. 양자가 합의한 분야 즉 노동자 통제, 대규모 군수품 계약, 대규모 고용창출등의 분야에서는 이해관계의 일치가 있었다. 하지만 파시스트 정권이 경제논리보다 정치논리를 앞세움에 따라 갈등과 긴장도 팽팽하게 전개되었다. 반자본주의적 중간계층의 계급적 지지를 받고 있던 파시스트 정권은 과거 자유주의 정권에 비해 상대적으로 자본가의 영향력으로부터 자유로울 수 있었다. 예컨대 계획경제에 따른 정부의 경제통제, 무역제한조치, 무리한 수입대체 산업화 등으로 인해 피해를 보는 자본세력이 등장했다. 또 중소기업이나 군수산업에 참여하지 않은 기업들은 계획경제의 혜택을 향유하지 못했다. 무역제한 조치로 인해 수출입을 활발히 하는 기업들은 손해를 보았다(Paxton 2004, 329).

요컨대 파시스트 정권이 표면적으로는 자본가 세력을 비판했지만 결코 이들을 완전히 제거할 의도를 갖고 있었다고 볼 수는 없다. 생산수단을 국유화하려 하지도 않았다. 파시즘은 자유주의체제하에서 번성한 자본세력을 정치적으로 통제할 수 있는 범위내에서 산업육성을 위해 활용하고자 했다. 다만 계획경제를 시도함으로써 국가의 시장에 대한 통제력과 간섭능력을 강화하려는 노력을 전개한 것으로 볼 수 있다. 예컨대 이태리의 파시스트정부는 1920년대에 Italian Credit Institute와 Italian Financial Society를 만들고 국가 자금을 기업에 제공하여 경제위기로 부터의 극복을 시도했다. 1933년에는 대공황를 극복하려는 시도로 IRI: Institute for Industrial Reconstruction를 설립하여 이태리의 금융제도를 구제하는 임무를 부여했다. IRI는 은행의 주식을 사들여 사기업들로 하여금 채무를 해결하도록 지원했다. 국가가 민간기업을 직접 소유한 것은 아니지만 결국 민간기업의 국가에 대한 의존이 심화되는 현상이 나타났다. 전체주의 체제하에서 나타나는 일종의 국가독점자본주의였다. 1939년 까지 IRI는 선철생산의 77% 그리고 강철생산의 45% 선박건조의 80% 해운의 90%를 사실상 장악했다. 금융분야에서 국가의 개입은 보다 적극적인 양상으로 전개되었다(Grand 1982, 107). 중앙은행(Bank of Italy) 국유화를 포함하는 1930년대의 금융산업 개혁으로 인해 국가의 금융에 대한 통제력이 강화되었던 것이다.

요컨대 파시스트 정권은 민족주의적 속성을 자극하여 자국의 대외적 확산을 도모했다. 자급자족적 경제를 건설하고 관세로 보호된 대규모 경제권역을 만들어 중상주의적 발전을 도모하고자 했다. 완전고용을 촉진하기 위한 케인즈주의적 수요진작정책을 사용하기도 했지만 국가가 시장에 간섭하는 궁극적인 목적은 전략산업의 육성과 선발국을 따라잡기 위한 리스트주의적(Listian) 산업화 촉진 정책이었다. 특히 민족국가 영역의 확대를 가능케 하기 위한 군수경제의 육성은 매우 중요한 목표였다.

파시스트 정권이 경제적 성과를 도출하기 위해서는 대기업의 협조가 매우 중요했다. 국가경제의 성장을 통해 정권의 정통성을 보완하고자 했다. 이들은 자본과 기술을 보유하고 있었다. 문제는 당초 파시스트 정당의 정치적 기반이었던 중산계급 그리고 중소기업들이 대기업을 혐오하고 있어 자본계층을 직접적으로 지원하기에는 정치적 부담이 따를 수 밖에 없다는 것이었다. 게다가 자본을 자유롭게 방치할 경우 체제의 위협이 될 수 있었다. 결국 파시스트적 정권과 자본의 관계는 기본적으로 공생적 관계를 유지했지만 파시스트 정권은 헤게모니를 절대 포기하지 않았다.

정부의 산업화 전략에 참여하는 대기업의 경우 당근이 주어져 사업의 확장을 도모할 수 있었다. 반면에 정권에 저항하거나 협조하지 않는 기업의 경우 경쟁 국영기업을 설립하여 사업의 기회를 박탈하거나 정치적 테러를 무기로 복종시켰다. 대기업이 자율적인 조합을 결성하는 것도 용인하지 않았으며 대신 정부의 통제가 쉬운 방식으로 강제 조직화되었다. 파시스트 정권과 자본과의 관계는 근본적으로 정부에 의한 계획경제 또는 정부가 자본을 실질적으로 소유하거나 그들의 존폐여부를 결정하는 국가독점자본주의의 개념(Bremmer 2010)을 통해 이해될 수 있을 것이다. 비록 기업은 사적으로 소유되었지만 정부가 경제를 철저하게 계획하고 운영하는 상황에서 자본은 정부의 종속으로부터 벗어나기 어려웠다. 물론 자본가 개개인이 부를 획득할 수 있었지만 이들 역시 국가의 번영을 위한 도구라는 한계를 벗어날 수 없었다. 예컨대 정부사업에 참여하여 이익이 획득될 경우 이익금의 상당부분은 정부가 경제운영을 위해 발행하는 채권을 구매하기 위해 정부로 다시 환원될 수밖에 없었다(Noakes and Pridham 1984, 107-132).

그렇다면 파시즘과 포퓰리즘은 어떤 관계로 이해될 수 있을까? 전자는 후자의 한 형태로 이해하는 것이 적절할 것 같다. 앞서 언급한 대로 포퓰리즘은 의회의 여론수렴, 숙의 그리고 결정기능을 무시하는 반민주주의적 정치체제라 할 수 있다. 의회를 무시하기 위한 근거로 정권을 지지하는 계층의 여론을 제시한다. 이탈리아와 독일의 경우 파시스트 정권은 노동자를 배제하고 중산층과 연합하는 경향을 보여주었다. 중산층의 대중적지지 구현한다는 명분으로 초헌법적 권위를 누렸고 그리하여 의회의 힘을 억압할 수 있었다.

스웨덴의 사례는 노동자를 배제하기 보다는 중산층과 더불어 중요한 이해관계자로 간주했다. 나아가 노동자를 중산 시민계층으로 편입시키고자 했다. 그리고 노동의 의견을 수렴하기 위한 코포라트스트적 제도를 운영했음에도 불구하고 의회의 기능을 무시하지 않았다. 스웨덴의 경우 극좌파적 볼쉐비즘이나 극우적 파시즘으로 함몰되지 않았던 가장 중요한 이유는 의회민주주의의 틀을 끝까지 포기하지 않았다는 점이었다. 의회주의적 관점에서 자본의 입장을 인정하고 포용하려 했다는 점에서 성공적 민주주의사례라 할 수 있었다.

3.5. 스웨덴의 사민주의적 국가-자본관계의 초기형성

양차대전간의 기간 즉 대공황기간 동안 이상에서 살펴본 바와 같이 이태리나 독일 등은 위기를 극복하는 정치적 수단으로써 파시즘 그리고 나치즘 같은 극우파적 대안을 모색했다. 그러나 인접국가인 독일을 통해 사회주의 사상을 수입했던 스웨덴은 사민주의라는 온건 좌파적 대안을 가지고 위기를 극복했다. 스웨덴의 사민주의는 여타의 사회주의국가들과 마찬가지로 노동자들의 권리를 중시했다. 그럼에도 불구하고 우파적 성향의 농민이나 중산층 심지어 자본계층까지도 포용하는 이념적 다양성을 보여주었다. 스웨덴이 사회주의 사상을 도입했음에도 불구하고 개인의 사적 소유권을 인정하는 친

자본주의적 경제체제를 수립했던 데에는 1920년에 단독 정권을 수립한 사회민주주의노동당(사민당: Sveriges Socialdemokratiska Arbetareparti)의 역할이 결정적이었다. 따라서 스웨덴의 사민주의적 국가-자본관계의 형성을 이해하기 위해서는 사민당의 이념적 성향과 역할을 살펴보아야 한다.

19세기말 그리고 20세기 초반까지 스웨덴을 지배했던 사상은 경제적 성장과 사회적 통합이었다. 분열을 예방하고 조화와 통합을 달성하는 것은 소국의 안위를 보장하기 위해 반드시 필요한 조건이었다. 작은 국내경제규모를 고려할 때 해외시장으로 수출을 시도하지 않고는 경제적 성장은 불가능했다. 스웨덴은 원천적으로 수출의 증대를 통한 방법으로 경제적 성장을 달성해야 하는 한계를 가지고 있었다. 그리고 러시아에서 볼셰비키 혁명을 통해 새로운 형태의 독재체제가 수립되는 것을 목격하면서 스웨덴 국민들 사이에서는 극단적인 계급 간 충돌을 통한 혁명보다는 계층 간 조화를 통한 점진적 개혁을 시도하는 것이 바람직하다는 공감대가 형성되었다(Bergstrom 1992, 140). 소비에트식 공산혁명이나 독일식 극우파적 개혁 모두 스웨덴에게는 위협으로 느껴졌던 것이다.

이러한 상황적 조건하에서 스웨덴의 사민당은 다른 유럽의 사회주의 정당과는 달리 자본과의 조화적 공생을 시도하는 유연한 사회주의를 추구했다. 당초 사민당은 투표권을 보유하지 못한 노동자들이 주요 구성원이었던 관계로 의회에 진출할 수 없었다. 이에 사민당의 최초 당수였던 브란팅(Hjalmar Branting)은 자유당(Liberal party)과 연정을 시도하여 정권 참여를 시도했다. 그 결과 1917년에는 사민당의 극단적 좌파회원들이 공산당을 결성하기 위해 당을 떠났다. 이로써 사민당을 급진적 사회주의 정당으로 몰아가려던 세력이 자동적으로 제거되었다. 스웨덴의 사민당은 근본적으로 자유주의적 속성을 배제하지 않고 전향적으로 수용했다.

제1차 세계대전이 종결된 후 급진적이고 혁명적인 마르크시즘에 대한 환멸을 느낀 유럽의 좌파들이 시장에 대한 국가의 통제 그리고 공동체주의(communitarianism)에 대한 호감을 가지고 새로운 사회주의적 개혁을 추구한바 없지 않았다. 그러나 이러한 온건한 좌파들이 정권을 획득하는 데는 유럽에서 전반적으로 실패했다. 유일하게 스웨덴만이 집권을 하는데 성공한 사례였다.

마르크시즘에 대한 사민당의 인식은 매우 유연했다. 이를 정립하는데 중요한 역할을 했던 인물은 사민당의 당수였던 브란팅이었다. 그는 당초 자유주의 진영에 속하던 사람으로 자유주의와 사회주의 간의 협력을 주장했고 궁극적으로 자유주의 진화의 종착점은 사회주의라는 인식을 가지고 있었다. 사민당은 원론적으로 자신을 마르크시스트적 정당으로 개념화했지만 그것을 교조적으로 숭배하지는 않았다. 당내에서도 마르크시즘이 시대의 상황을 반영할 수 있도록 개선되어야 한다는 의견이 강력하게 개진되었다. 자본주의를 길들이고 통제할 수 있는 여건은 당초 마르크스와 엥겔스가 자본주의를 비판할 당시보다 상대적으로 개선되어 있다고 보았다. 이처럼 마르크시즘에 대한 유연한 인식으로 인해 사민당은 다른 나라의 좌파적 사회주의 정당들과는 달리 이념적 갈등이나 정치적 투쟁으로부터 상대적으로 자유로울 수 있었다.

스웨덴의 사민당은 노동과 시민간의 연계를 강조하면서 보통선거권의 도입을 주장했다. 파시스트들과는 달리 사민당은 이것을 의무만 있고 권리는 없는 부정의한 현실을 타개할 수 있는 가장 효과적인 방안으로 간주했다. 보통선거권만이 인민들로 하여금 자신의 집의 주인이 될 수 있도록 해줄 수 있으며 계급간 형평을 구현할 수 있는 현실적이고 보편적인 방안이라고 주장했다(Berman 2006, 154-155).

사민당은 나아가 중산층과 자본계층을 포용함으로써 사회적 통합을 구현하고자 했다. 브란팅은 정치적 기반이 다소 취약한 사민당의 입장에서 볼 때 계층 간 협력이 궁극적으로 사회전체의 이익이 될 것임을 주장했다. 브란팅을 비롯한 다수의 사민당 지도자들은 공산주의적 반동세력에 대한 자유주의자의 승리가 보다 가능성이 있다고 판단했으며, 따라서 자신들이 자유주의를 지원해야 한다고 생각했다. 그리하여 1890년대에 사민당이 인민의회를 구성할 때 좌파자유주의자(left liberals)들을 포함시켰다. 브란팅이 사회주의자중 최초로 하원선거에서 승리할 수 있었던 것도 자유당(liberal)과 정치적 공조체제를 유지했기 때문이었다. 정치적 자유화는 노동운동의 힘을 증대시킬 것이고 투표권을 보유한 노동자 숫자의 증가는 결국 의회에서 사민당의 대표성을 증대시킬 것이라고 보았다.

따라서 사민당은 (자유주의적) 민주주의를 부패하고 무능한 부르주아적 체제쯤으로 치부하는 경향으로부터 일찍이 탈피했다. 오히려 민주주의를 사회주의 정당의 정치성과 목표를 구성하는 주요 요소로 간주했다. 브란팅은 사회주의는 적절하게 사회적 지위를 획득한 노동자들을 위한 이념이며 이들은 정규적인 노동시간을 누리고 제도적으로 보호를 받으며 임금을 수령하는 사람들이라고 정의했다(Berman 2006, 156). 따라서 자유주의와 민주주의는 사회주의와 마찬가지로 이들의 이익에 부합하는 이념이며 바로 이점에서 공존할 수 있는 여지가 생긴다고 보았다.

사민당은 마르크스의 역사적 유물사관뿐만 아니라 계급투쟁의 논리도 수용하지 않았다. 설립초기인 1890년대에 이미 사민당은 혁명세력이 되기보다는 자신들의 정치적 지위를 개선하고자 하는 이들을 위한 정당이 될 것이라고 주장한 바 있다. 20세기 들어 사민당은 단순히 프롤레타리아들뿐만 아니라 중산계층에 속하는 진보성향의 시민은 물론 농민까지도 포함한 노동세력전체의 입장을 대변하는 정당으로 발전했다. 당초 사회주의 강령이 사유재산으로 간주하던 농토를 개인재산권의 범주에서 제외함으로써 사민당의 개혁드라이브는 농민은 물론 일반시민들에게도 덜 위협적인 것으로 받아들여질 수 있었다.

스웨덴 사민주의는 국유화(nationalization)에 대해서도 본류 사회주의와는 다른 입장을 표명했다. 사민당도 창립 초기에는 다른 사회주의 정당들과 마찬가지로 국유화나 계획경제(planned economy)등을 구현해야 한다는 입장을 견지했다. 자본주의 경제하에서 발생하는 문제의 근원이 바로 생산수단의 사적소유에서 비롯된다고 보았기 때문이다. 그러나 1920년대에 들어 스웨덴의 경제상황이 악화되면서 국유화가 경제에 미칠 영향을 고려하기 시작했다. 즉 국유화를 추진하되 국유화가 진행되는 과정에서 생산의 감소가 발생해서는 안 된다는 것이었다(Bergstrom 1992, 134-135).

이러한 연유로 사민당은 1920년대에 국유화의 방법에 관하여 논의하면서 사회주의를 생산수단의 국유화로 직결시키는 전통적 사회주의 노선에 수정을 시도하기에 이르렀다. 여기에는 한손, 뮐러, 비그포르스, 칼레비등 당의 지도자들의 사회주의에 대한 유연한 태도가 중요한 역할을 했다(미야모토 2003). 물론 사회화 또는 국유화에 대한 보수적 계층의 반발이 중요한 역할을 했던 점도 부정할 수 없다.

자유당과의 연정이 붕괴된 후인 1920년대에 사민당은 급진적이고 혁명적 접근(공산혁명)보다는 자신의 프로그램을 선전하고 선거를 통해 다수를 점해가는 점진적인 수정주의(revisionist approach) 전략을 구사하는 정당으로 완전히 변모했다. 국민(people)과 국가(nation)등 급진적 우파들이 주로 사용하던 용어들도 사민당이 선제적으로 사용함으로써 사회주의가 국제주의를 추구한다는 극우파의 비판에 대응했다. 사민당은 민족적 단합(unity)와 사회적 유대(solidarity)를 추구하는 정당임을 부각시키고자 했다.

1928년 당의장에 취임한 한손(Albin Hansson)은 국민의 집(People's Home)이라는 개념을 제시했다. 집의 기반은 공동체와 동참(togetherness)이다. 훌륭한 가정은 특권계급을 인정하지 않고 구성원을 소외시키지도 않으며 좋아하는 아이와 그렇지 않은 아이를 차별하지도 않는다. 좋은 가정에는 평등, 배려 그리고 협조와 도움이 존재한다. 이러한 논리를 국가와 사회에 적용함으로써 시민들을 특권층 대 박탈(neglected)계층, 지배자 대 피지배자, 부자 대 빈자, 유산계급 대 무산계급, 약탈자 대 피약탈자로 차별화하는 모든 사회 경제적 장애를 타파해야 한다고 주장했다(Tilton 1992, 126-127).

사민당의 전유물이 된 국민의 집이라는 개념은 당초 극우파의 아이디어였다. 계층간의 갈등이 발생하는 근대자본주의 그리고 자유주의 사회에 대한 비판에 기원한 것이었다. 당초 이 개념은 1909년 파보다(Alfred Petersson I Paboda)라는 농민운동가에 의해 처음으로 사용되었다. 그는 인류의 가정(home for mankind)은 일을 제공해야 하고 노동자뿐만 아니라 농부들에게 생계와 미래에 대한 희망을 제공해야 한다고 주장했다. 이 개념은 다시 스웨덴의 가장 영향력 있는 민족주의자인 키엘렌(Rudolf Kjellen)에 의해 승계되었다. 자유주의에 대한 비판자였던 키엘렌은 근대사회에서 상실된 민족적 유대와 공동체의식의 부활을 강조했다(Berman 2006, 163-164). 특히 자유주의가 국가보다는 개인과 사적인 이익을 우선시 한다는 점을 비판했으며 이러한 관점에서 보수주의자들도 비판의 대상으로 삼았다.

그는 대신에 민족적 협력이 국가의 위대함과 확장을 성취할 수 있는 전제조건이라고 믿었다. 키엘렌은 국가주의와 사회주의의 결합을 시도했다고 볼 수 있다. 즉 개인의 권리보다는 국가의 힘, 특정 개인에게 한정되지 않고 모든 국민을 포용하는 단결력, 자유보다는 혈연적 유대의 중요성을 강조했다. 사회주의는 이런 사상을 탈국가적으로 노동계층에게만 배타적으로 적용했지만 그는 이러한 사상을 국가내의 모든 국민들에게 적용하고자 했다. 계층사회주의 보다는 민족국가적 사회주의를 시도했던 것이다. 그는 한손에게 국민의 집이라는 개념을 사실상 전달한 인물이라 할 수 있다.

제1,2차대전 사이의 기간동안 스웨덴의 민족주의진영은 국익에 반하는 국제주의(internationalism)에 대한 책임을 물어 유럽의 주류 사회주의를 비판하는 성향을 보였다. 이에 사민당지도자들은 스웨덴 사회주의에 민족주의적 요소를 흡수하기로 결정했다. 한손은 사민당이 민족주의적이고 국가주의적으로 변질했다는 비판을 감수하면서 '국민의 집'이라는 적절한 개념을 도입하여 스웨덴 사민주의를 주류 사회주의와 차별화 시키려 했다. 한손은 국민의 집 개념이 사민당의 역사와 완전히 일치하지는 않지만 개혁을 추구하는 사민당의 미래에 장기적으로 부합함을 역설했다(Sejersted 2011, 159-162). 스웨덴의 좌파가 파시스트와 같은 우파들이 추구하던 공동체주의적(communitarian)이고 민족주의적(nationalist)인 가치를 흡수하게 된 데에는 한손의 역할이 크다.

이처럼 스웨덴 사민주의는 농민들까지도 지지층으로 끌어들이는데 성공했다. 유럽의 다른 국가에서는 농민들이 주로 우파적 파시즘을 지지했다. 그러나 사민당은 노동자들과 농민은 공히 자본주의에 의해 착취당하는 존재들이므로 공동으로 연대해야 한다고 주장했다. 사민당은 이론적으로 대규모 토지나 자원에 대한 사회적 소유를 선호했지만 토지에 대한 개인의 사적소유제 만큼은 폐지하지 않았다. 스웨덴 사민당은 착취당하는 노동자라는 개념보다는 사회적 약자와 억압받은 자라는 관점에서 인민전체를 포섭하고자 시도했다. 계급(klass)보다는 민족(folk)라는 단어를 사용함으로써 공동체주의와 국가주의개념을 독점한 파시스트 우파에 대응했던 것이다.

1920년대 들어 세계경제가 침체국면에 돌입하자 사민당내에서 경제적 성장을 도모할 수 있는 방법에 대한 논의가 괄목하게 증가했다. 예컨대 사민당 내각의 사회부장관을 역임한 묄러(Gustav Möller)

는 자본주의 경제의 근본적인 문제는 모든 시민들의 요구를 충족시킬 수 없다는 점을 강조하면서, 사민당의 사명은 모든 사람들에게 동등하게 나누어 줄 수 있도록 파이를 키우는 일 즉 경제성장이라고 주장했다. 생산수단소유의 사회화(socialization) 프로그램을 제시하기 이전에 우선 생산을 확대할 수 있는 방법이 무엇인지를 고안해야 한다고 주장했다(Berman 2006, 167).

이와 유사한 맥락에서 카레비(Nils Karleby)는 자본가들이 소유하고 있는 사회적, 경제적 자본을 통제하기 위한 개혁이야말로 사회주의적 사회로 가는 중요한 단계라고 주장했다. 우선 경제성장을 통해 자본의 크기를 증대시킨 후 이에 대한 국가나 사회의 간섭을 통해 분배를 시도하는 방법을 모색하고자 했다. 사유재산에 대한 사회적 통제의 증대 그리고 재산에 대한 개인적 통제의 감소를 도모하는 개혁은 사회적 변혁을 의미한다. 그는 국유화는 사회주의적 전환을 달성하는 여러 가지 방법 중의 하나일 뿐이며 가장 시급한 최선의 수단도 아니라고 주장했다.

카레비는 방법론적 개인주의를 차용하면서 사회주의를 사회유기체론의 전통에서 분리하여 자유주의적 관점에서 해석했다. 개인의 소유권이 자유와 발전의 근간이 된다고 보는 자유주의적 전통을 계승했다. 산업화와 자본주의가 진행되면서 대량실업과 노동의 착취가 만연하게 되는데 사회주의란 이러한 상황에서 개인의 소유권을 구현하기 위한 새로운 자유주의라는 것의 그의 주장이다. 따라서 산업국유화와 계획경제라는 집단주의방식(collectivism)을 통해 소유권의 문제를 해결하는 것은 논리적 모순이라고 보았다. 산업화된 자본주의 시대에는 새로운 형태로 개인의 소유권을 구현해야 하는데 개인의 영향력 확대가 곧 개인 소유권의 확대를 의미한다고 강조했다. 개인의 영향력 확대는 정치적 민주주의와 사회적 통제-예컨대 시장에서 소비자로서의 선호도 표명-등을 통해 성취된다. 그런데 노동자의 정치적 사회적 영향력은 매우 제약되어 있고 시장에서 구매력도 미약하여 소비자로서의 영향력도 한정적이다. 따라서 노동자의 사회적 참여를 촉진시킴으로써 개인의 소유문제를 해결해야 한다는 것이다.

그 방법으로서 카레비는 사회입법을 통해 계층간 격차를 시정함으로써 노동자의 입장을 강화할 것을 주장했다. 사회입법의 예로서 도시계획법, 사회법, 건강보험법, 사회정책적 조세제도등(미야모토 2003, 69)을 제시했다. 사회입법은 노동자의 자율성을 높여 자유시간을 확대시키는 효과를 발휘할 것이며 동시에 시장에서 구매력을 확대하여 개인으로서 노동자의 영향력을 확대시킬 것이라고 주장했다.

1932년 사민당 전당대회를 계기로 국유화에 대한 논의가 보다 공식적으로 전개되었지만 전체적으로 볼 때 사민당의 견해는 사회를 변혁시키는 가장 좋은 방법은 국가가 시장의 기능을 완전히 접수하는 것이 아니라 부분적으로 국가의 통제나 경제계획을 실행하는 것이라는 점에 수렴되었다. 예컨대 비그포르스(Ernst Wigforss)는 국유화와 계획경제를 반드시 동일한 것으로 볼 필요는 없다고 주장했다(Bergstrom 1992, 142). 양자 모두 사회주의적 경제의 중요한 요소임에 분명하나 양자는 서로 다른 지향점을 가지고 있다는 것이다. 이러한 맥락에서 국유화보다는 생산과 분배의 과정에 대해 국가가 영향을 행사하는 것이 비효율이나 자유의 상실 없이 사회주의자들이 목표를 달성하는 방법일 수 있다는 주장이 강하게 대두되었다. 따라서 당은 노동자들이 그들의 일자리나 인생에 대한 통제권을 장악하도록 돕고, 자본주의 체제를 통제하기 위해 국가의 힘을 사용할 수 있는 방안에 대해 논의해야 한다고 주장했다.

대공황기간동안 사민당은 영국보다 앞서 케인즈주의 즉 수요중심의 경제관리방식을 도입했다. 이 과정에서 비그프로스의 역할이 매우 컸다. 영국의 진보적자유주의사상(radical liberals)을 연구한 그는 경제위기를 극복할 수 있는 방법은 총수요를 자극하는 것이라고 강조하면서 다음과 같은 주장을 제시했다. 자본주의의 문제는 생산요소를 낭비하고 그 결과 수요를 위축시켜 인민의 생활 수준을 저하시키는 것이다. 이를 해결하는 방법은 국가가 재정적으로 지원하는 일자리 만들기 프로그램을 통해 자원을 다시 활용하는 것이다. 정부주도적 일자리 창출이나 이를 통한 구매력의 증대야말로 경제를 회복시키는 유일한 방법이다. 그러한 정책은 경제와 인민을 자본가들로부터 해방시킬 것이다. 이처럼 1930년대에 비그프로스와 당내 케인지언들은 사회화 또는 국유화를 주장하는 당내 소수 사회주의 강경파와 대립했다.

이처럼 비그포르스는 칼레비와 더불어 사회주의의 구현을 산업국유화를 통해 달성해야 한다는 입장을 비판했다. 그는 생산현장에서 노동자의 권력을 증대시키는 것이 사회주의의 핵심이라고 주장했다. 협동조합과 노사협의회 등을 통해 노동자의 영향력을 확대하는 것을 제시했다(미야모토 2003, 70-72). 또 비그프로스와 묄러는 국가주도의 일자리창출프로그램이 경제발전에 대한 사회의 통제를 증대할 것이라며 이것이야말로 국유화의 목적과도 일치하는 것이라고 주장했다. 이들은 시장을 조직하고 통제하기 위해 국가의 힘을 사용할 수 있도록 사민당이 역할을 해야 한다고 역설했다. 이것이야말로 계획경제의 핵심 전략이라고 생각했다(Berman 2006, 171).

사민당은 정치적으로 인민의 정당(people's party)으로 자리매김하려 노력했다. 무엇보다도 스웨덴에 민주주의를 정착시키려 노력했다. 이태리, 독일 등에서 나타난 파시스트적 체제에 대응하기 위해서는 시민들에게 민주주의를 통해서도 직접적인 개혁을 도모할 수 있음을 보여주어야 한다고 보았다. 장기적으로 반민주세력이 확산하는 것을 방지하기 위한 가장 효과적인 방법은 복지를 확대하는 것이며 이를 통해 경제위기를 극복할 수 있다는 입장이었다.

사민당이 사회주의적 강령을 추구했다는 점은 분명하다. 자본에 의해 착취당하는 노동자의 이익을 옹호하려 했다는 점도 분명하다. 그러나 자본과의 극단적인 대립관계가 형성되는 것도 회피했다. 국가의 역할을 중시했다는 점은 명백하다. 국가야말로 경제의 긍정적인 힘이며 국가의 힘은 미래의 위기를 방지하기 위해 또 모든 시민의 복지를 보호하기 위해 확대되어야 한다고 주장했다. 사민당의 1936년 당강령은 국가의 힘은 국민의 안보를 보장하는데 지대한 도움을 줄 수 있다고 명시한 바 있다.

그러나 이것이 국유화 같은 시장의 국가화를 의미하는 것으로 해석하지는 않았다. 그보다는 국가가 경제계획을 수립하는 등의 방법을 통해 시장에 간섭하는 것이 바람직하다는 입장을 개진했다. 아울러 시장의 위기가 다시 되풀이되지 않도록 하는 방법은 개인기업이나 국가의 대표자들이 함께 모여 시장을 감시하고 관리함으로써 경제에 대한 국가의 통제를 보다 견고하게 하는 것이라는 점을 강조했다. 스웨덴의 사민주의보다 국가주의적 코포라티즘을 실시한 이탈이아나 독일의 파시스트 정권과는 달리 사회중심적 코포라티즘을 운용한 것도 이러한 맥락에서 이해할 수 있다. 민주주의를 강조했으나 자유주의적 입장에서 사회집단의 자율성도 존중했던 것이다.

3.6. 결론

스웨덴 사민주의는 공산진영의 사회주의와 중요한 차이점을 보여주었다. 무엇보다도 자본계급을 타도할 대상으로 상정하지 않았다. 사민당은 노동자 계급은 물론 중간계급, 농민 그리고 자본계급까지 협력대상을 확대해 나갔다. 사민당이 주류 사회주의의 강령과는 달리 사적 자본의 사회화 또는 국유화를 시도하지 않음으로써 국가-자본관계를 협조적인 것으로 발전시킬 수 있는 기반을 마련했다. 이러한 유연성이 가능했던 것은 스웨덴 사민주의가 내포하고 있는 개인주의적이고 자유주의적인 속성 때문이었다. 사민주의를 자유주의가 궁극적으로 진화하여 도달하게 될 최종적인 이념모델로 간주함으로써 양자간의 연계 가능성을 열어두었다. 개인이 자유로워지기 위해서는 형평의 가치가 구현되어야 한다고 보았다. 모든 사람들에게 자유가 공평하게 구현되기 위해서는 사민주의의 등장이 불가피하다고 보았던 것이다. 아울러 개인의 이익을 존중했으므로 자본의 성장욕구도 인정했다. 사회주의적 국제주의 보다는 우파적 아이디어였던 민족적 공동체주의도 흡수했다. 다만 성장을 달성하도록 도와준 이후 자본이 자발적으로 분배에 동의하는 제도를 수립하는데 집중했다.

스웨덴 사민당의 입장에서 본 자본은 국가의 경제적 성장을 견인할 주체였다. 자본이 국가의 경제성장을 주도하기 위해서는 경제적 자유가 필요하므로 당과 국가는 이를 제공했다. 국가는 다만 자본이 자유주의 하에서처럼 탐욕적 만행을 저지르지 않도록 견제했다. 동시에 정부 재정지출을 통해 추진되는 사업에 자본이 적극 참여하여 일자리를 창출하고 정부에 높은 세율의 세금을 납부함으로써 노동자들에게 복지를 제공할 수 있는 재정마련에 기여하도록 유도했다.

스웨덴의 사민주의와 이태리나 독일의 파시즘은 공통점이 있기는 하다. 양자 모두산업 국유화를 강제하지 않은 대신 국가가 시장간섭을 단행했다. 그러나 여전히 양자간에는 중요한 차이가 있었다. 스웨덴은 산업합리화 정책과 적극적 노동시장정책(고용정책)을 통해 거시경제를 안정화시키고자 했다. 특정산업이나 기업을 육성하기 위한 간섭이 아니라 고용증대를 통해 노동자의 복지를 제고하기 위한 간섭이었다. 어떤 산업에 참여할 것인가는 주로 자본 자신의 판단에 맡겨졌다. 그만큼 민간주도의 투자가 중시되었다.

이에 비해 파시스트 정권하에서 행해진 국가의 시장간섭은 선별적이며 직접적인 성격의 것이었다. 국가간섭의 성격은 국가주의적 경제(national economy)의 수립을 주장하는 리스트주의적 정치경제 모델에 입각해 있었다. 국가의 주도로 산업을 육성하였는데 여기에는 국가 경제의 중상주의적 그리고 민족주의적 성장이라는 분명한 목표가 있었다. 예컨대 군사적 확장을 위한 중화학 공업 등 군수관련

경제는 가장 중요한 육성분야였다. 이를 통해 가장 혜택을 본 것은 국가 자신과 여기에 참여한 산업자본이었다. 양자 간에는 팽팽한 긴장을 전제로 한 동맹이 형성되었다. 반면에 중간계급, 중소기업 그리고 노동자의 복지는 국가의 전략적 고려대상이 아니었다.

또 하나 결정적인 차이점은 의회의 역할에 대한 해석이었다. 스웨덴의 사민주의체제는 민주주의의 핵심기관으로 의회의 역할을 중시했다. 노동-국가-자본을 연결하는 코포라티스트적인 제도를 운영하면서도 최종 결정기관으로서 의회의 역할을 중시했다. 그런 점에서 포퓰리스트적이지 않았다. 반면에 독일과 이탈리아의 파시스트적 정권은 의회를 단순한 거수기로 만들어 버렸다. 자신들을 지지하는 계층과 집단의 의견을 등에 업고 국가가 노동을 배제하고 자본을 통제하는 위계적 관계를 형성했다. 스웨덴의 사민주의는 위기극복 기제로서 포퓰리즘을 동원하고픈 유혹을 뿌리치고 민주주의와 의회주의를 고수했다는 점에서 주목받는 사례이다.

사민주의와 파시즘은 1910-30년의 기간, 즉 대공황이 발생하여 경제적 위기가 고조되고 제1차대전의 패전국들이 중흥을 모색하던 이 시기동안 유럽이 자유주의와 볼셰비즘 이외의 대안을 모색하는 과정에서 등장했다. 양자는 공히 국가의 역할증대를 통해 위기를 극복하고자 했다. 자유주의와 볼셰비즘이 각각 최소국가론과 국가도구론을 제기하면서 국가를 제거하고자 했던 것과는 대조적으로 사민주의와 파시즘은 국가의 역할증대를 꾀했다. 그러나 양자가 상정한 국가의 역할과 여기에서 파생되는 국가-자본관계 그리고 의회의 역할에 대한 이해는 간과할 수 없는 차이를 보여주었다.

4 스페인의 포퓰리즘

4. 스페인의 포퓰리즘: 포데모스(PODEMOS)와 복스(VOX)[1]

고주현

스페인에서 포퓰리즘이라고 하면 프랑코 파시스트 정권을 떠올리게 한다. 하지만 1976년 권위주의 체제의 종식과 민주화 이후 30여년간 스페인에서 포퓰리즘 정치는 좌우 이념을 넘어 인기를 얻지 못했고 중도적인 성향의 양대 정당이 오랜 기간 의회를 구성해왔다. 2000년대 후반 남유럽 국가들이 겪었던 재정위기는 스페인에서도 포퓰리즘 정치를 구사하는 정치 세력들이 전국 정당으로 성장할 수 있는 토대를 제공했으며 이는 급진 정치 세력의 불모지였던 스페인 정치 지형에서 예외적인 사례로 평가받고 있다. 포퓰리스트 전국 정당으로 처음 두각을 나타낸 포데모스(PODEMOS)는 그리스의 시리자(SYRIZA), 이탈리아의 오성운동(M5S) 등과 함께 유럽의 신흥 좌파 정당으로 분류되기도 한다. 포데모스는 그 역사의 시작을 정당 등록이 아닌 유로존 위기에 대한 대응으로서의 긴축요구에 맞서 일어난 '5월 15일 운동(5M 운동)'과 함께한다. 따라서 사회운동 정당으로서의 태생적 특성을 가지고 있다. 이후 유럽의회 등록과 지방선거, 당직선거와 총선을 거쳐 사회노동당과의 연정으로 집권에 성공하였고 사회운동정당에서 제도권 정당으로 변모하는 과정에서 수많은 도전을 맞았다.

한편 포데모스와 이념적 대치점에 위치한 복스(VOX)의 출현이 파

1 본 장은 고주현(2020)과 고주현(2021)을 수정 보완하여 작성했다.

시스트 시대로의 회귀가 아닌 민족주의, 외국인 혐오 등 극우 정당들이 내세우는 정치적 가치들을 강조하며 세력을 키워나갔다는 점에 주목해야한다. 복스는 토착주의와 보수주의적 이념을 강조하며 스페인 내부에서의 분리주의와 외부로부터의 이민자들, 특히 이슬람 이민들에 대한 투쟁에 바탕을 둔 토착주의 이데올로기를 주장한다. 나아가 전통적인 가톨릭 가치관의 방어와 법과 질서에 기초한 사회질서를 옹호한다는 점에서 보수적 권위주의의 특징도 보인다.

이 장에서는 이처럼 이념 스펙트럼상의 양극단에서 출현한 스페인 포퓰리즘 정치의 특징을 살펴볼 것이다. 이를 위해 먼저 스페인의 정치 지형을 검토할 것이다. 스페인에서는 민주화 이후 사회노동당(PSOE: Partido Socialista Obrero Español)과 국민당(PP: Partido Popular)을 중심으로 양대 정당이 번갈아 집권해왔다. 40년에 가까운 권위주의 경험으로 오랜 기간 극우의 정치세력화는 제한돼왔다. 프랑코 체제의 유산은 지방분권화 경향이 강한 스페인에서 하원의 비례대표 선거제 하에서도 군소정당의 의회 진입을 어렵게 했고, 중도 성향의 좌우 이념 정당 체제를 공고화했다. 하지만 2018년 안달루시아 지방선거에서 극우 포퓰리스트 정당인 복스가 의석을 확보한 이후로 2019년 총선에서도 높은 득표율을 획득함으로써 스페인 내 극우정치화의 귀환이 가능해졌다. 스페인에서는 기성 정당의 부패가 좌우를 넘은 포퓰리스트 정당의 약진을 가져온 가장 큰 원인으로 꼽히기도 한다. 하지만 대중과의 직접 소통을 강조하는 포퓰리스트적 코뮤니케이션도 유권자 동원에 영향을 줬다. 과도한 혐오 표현을 포함해 소통 과정에서 감정의 정치가 빈번히 일어나는 현상 역시 스페인에서 극우 정치 세력이 부상할 수 있었던 원인이다.

스페인의 포퓰리즘 정치는 크게 세 개의 시기와 경향으로 구분한다. 첫 번째 경향(1989~2000)은 이탈리아화된 포퓰리즘의 출현이다. 이탈리아의 성공한 사업가인 베를루스코니(Berlusconi)가 정치적 성공을 거두었듯이 스페인에서도 호세 마테오스(José Mateos)나 헤수스 길(Jesús Gil) 같은 부유한 사업가 출신 정치가들이 유사한 경로를 보이는 것을 두고 스페인 정치의 일종의 베를루스코니화(Berlusconization)라 평가하기도 한다(Casals 2013; Sanders et al. 2017, 250). 이들은 국민을 상대로 반엘리트주의와 외부집단의 배제를 호소하며 관리자로서의 정치인의 역할을 강조한다.

두 번째 경향(2003~2011)은 2003년 카탈로니아를 위한 플랫폼(Plataforma X Catalonia)의 등장으로 시작됐다. 이민 통제와 민족우선 "for better control of immigrants" and "nationals first"이라는 당의 슬로건에서 알 수 있듯이 배제의 담론을 강조하는 민족주의적 포퓰리즘 성향을 보여준다. 외국인에 대한 혐오 담론이 유럽의 주변 국가들에서 극우 정치세력의 성장에 영향을 미쳤을 뿐만 아니라 외국인에 대한 배제 담론이 제한적이었던 스페인에서도 민족주의적 호소를 통해 우익 포퓰리즘의 부상을 가능하게 했다. 또한 거부감과 향수를 동시에 불러일으키는 프랑코주의자들의 담론과 거리를 둔 것도 스페인 극우 정당이 재등장할 수 있었던 요인 중 하나이다(Casals 2009, 233-258).

세 번째 경향(2011~현재)은 경기침체와 높은 실업률 등으로 불거진 일련의 부패 스캔들로 시작됐다. 여기에 카탈로니아(Catalonia)

의 독립 요구는 체제 불안을 악화시켰다. 17개 자치공동체의 동등한 분권화와 통일된 단일 국가 수립을 동시에 인정하는 1978년 스페인 헌법의 모순은 논란을 가중시켰다. 국민의 이익이 우선이 아닌 금융 시스템의 이익을 옹호하는 집권 정치세력이라는 프레임 하에 반엘리트·반기득권을 중심으로 한 정치구호가 새로운 포퓰리스트 정치인들을 등장시켰다. 바로 이 세 번째 경향에서 비롯한 구조적 원인이 스페인에서 포데모스와 복스가 세를 얻게 된 가장 큰 힘이 됐다.

스페인의 포퓰리즘 정치는 위와 같은 흐름 속에서 전개돼왔다. 그런데 포퓰리즘 정치 내부에서도 다양한 경향성이 나타난다. 예를 들어 스페인 내 포퓰리스트 급진우파 정당에 대한 지지가 다른 유럽 국가들에 비해 낮게 나타났다. 알롱소와 로비라 칼트바쎄(Alonso and Rovira Kaltwasser 2015)는 그동안 스페인 내 포퓰리스트 급진우파 정당에 대한 지지가 다른 유럽 국가들에 비해 낮은 이유를 공급 측면의 요인들로 본다. 이들은 그 이유를 세 가지로 정리한다. 첫째, 군소민족 정당들에 불리한 선거제이다. 둘째, 극우파의 이념적 기반을 일부 활용하고 있는 주류 우파의 선거전략이다. 셋째, 중앙-지방을 중심으로 한 지역주의 정치 균열이다. 이들에 따르면 특히 세 번째 원인이 스페인에서 포퓰리즘적 급진 우파 정당의 출현 가능성을 제약하는 주요 원인이다. 1979년을 기점으로 스페인의 선거 경쟁은 사회경제적 요인, 좌우 이념적 분열과 국가 민족주의 및 인종 민족주의를 둘러싼 중앙-지방 논쟁에 의해 지배되어 왔다. 이와 같은 이유로 포퓰리스트 급진우파 정당들이 차지할 수 있는 이념적 공간이 적을 수밖에 없었다. 따라서 국민 대 엘리트 구도의 서사를 활용하는 좌파 포퓰리즘 정치가 스페인 선거 지형의 특수성을 보다 효과적으로 활용하여 유권자들의 지지 확보에 보다 유리했다.

복스가 지방선거를 통해 부상하기 전까지만 해도 알론소와 로비라 칼트바세의 이와 같은 주장은 설득력을 얻어왔다. 하지만 최근 스페인 포퓰리즘 지형은 점차 변화하고 있다. 이제 한동안 주목받았던 좌파 포퓰리스트 포데모스와 더불어 우파 포퓰리스트 복스의 득세는 또 다른 현상이 되고 있다. 따라서 이 장에서는 스페인의 정치 지형에서 좌우 양극단의 포퓰리즘 정치가 출현할 수 있었던 원인과 현상을 검토하고, 포퓰리스트 코뮤니케이션의 특징을 살펴볼 것이다.

4.1. 스페인 정치 지형

스페인은 상대적으로 늦게 민주화를 이룬 국가이다. 그럼에도 비교적 순탄하게 경쟁적 정당체제를 발전시켜왔다. 민주화 이후 스페인의 정당체제는 양당제적 특성을 보였다. 스페인에서 양당제를 중심으로 한 경쟁 정당체제가 성립하는 결정적 원인은 민주화 과정에서 찾을 수 있다. 스페인에서는 늦은 민주화로 인해 여러 사회균열들 중에서도 이념 균열과 지역주의 균열이 주로 작동했다(Sánchez-Cuenca 2012, 1-10). 스페인 내전 이전부터 산업화에 따른 계급균열이 나타났고, 교회주의와 반교회주의 간의 대립과 함께 분리주의 성향을 갖는 각 지역들의 균열 역시 심각했다. 여기에 더해 20세기 초의 치열했던 내전과 40년에 가까운 권위주의 체제를 종식시키기 위한 광범위한 사회세력들의 합의와 인정의 정치가 체제 변혁기의 정치균열들을 주도해왔다(고주현 2018a). 스페인에서는 1960년대 시작된 경제위기가 1973년 절정을 지난 이후인 1977년 총선거를 실시하고 1979년 신정부가 수립됐다. 이 체제 변혁기에 등장한 갈등구조가 신정부 수립 이후 해소되고 합의에 기초한 인정의 정치가 작동함으로써 안정적인 양당제가 성립됐다. 민주화 이후에도 이념과 지역주의 균열은 여전히 스페인의 주요 정치균열로 작동하고 있다(고주현 2018b).

스페인에서 오랫동안 유지된 양당제가 독특한 사례라고 주장하는 연구들은 선거제도와 선거 연합을 양당제 형성의 주요 요인으로 꼽는다. 정병기는 스페인 양당제의 고유성을 강조하기 위해 '파편화된 양당제'라는 용어를 사용한다(정병기 2017, 181). 스페인 양당제의 고유성이란 10개 가까운 군소정당들이 의회에 진출한 가운데 양당제나 양당 중심제가 형성된 것을 말한다. 일반적으로 다당제를 촉진하는 것으로 알려진 비례대표제의 채택에도 불구하고 여러 정당들이 공존하는 가운데 파편화된 양당제를 유지해왔다는 것이다. 스페인의 고유현상인 파편화된 양당제가 촉진된 것은 무엇보다 이념 균열과 지역주의 균열이 그 원인이다. 기존 연구들이 주장하듯이 이념 균열에서 중요한 것은 양극성이 아니라 파편화된 이념 스펙트럼에서 군소정당들이 난립하는 가운데 중도를 두고 경쟁하는 구심성이었다(정병기 2017; 고주현 2018b). 여기에 다양한 지역주의 정당들의 중앙의회 진출이 파편화를 촉진하는 한편, 양대 정당들과 선거 연합을 형성함으로써 양당제를 유지하는 경향으로 작용했다. 선거 연합은 이념 진영 내부에서도 이루어져 군소정당들의 생존을 가능하게 했지만, 양대 정당들이 포함되는 경우에는 양당제를 촉진하기도 했다.

스페인에서는 민주화가 타협에 의해 이루어졌다. 그만큼 여러 경쟁 세력들이 자신들의 지분을 확보하기 위한 선호들이 제도화될 수 있었다. 그러한 의미에서 민주화는 경쟁적 정당 체제를 형성하는 데에 중요한 영향을 미쳤다. 특히 타협에 의해 민주화가 이루어짐으로써 양대 정당을 중심으로 다양한 정치세력들도 의회에 진출하는 다당제적 성격을 함께 띨 수 있었다. 이러한 흐름속에서 스페인은 강력한 지역주의 경향을 반영해 상원을 지역 대표체로 구성한 양원제 의회를 채택했다(Bonime-Blanc 1987, 31).

민주화 직후 스페인 정당 체계는 유권자, 정당의 이데올로기, 선거제도, 정당들 간 힘의 관계, 민주화의 성격, 집권당의 이점과 합의 정치에 의해 형성됐다. 하지만 이후 지역주의가 핵심요인으로 등장했다. 다양한 언어와 민족들로 구성된 스페인에서 프란시스코 프랑코(Francisco Franco) 권위주의 정부의 강력한 중앙집권에 대한 반작용은 컸다. 지역을 기반으로 한 스페인의 많은 군소정당들은 지역주의 균열의 산물로 지역의 이해관계를 대변하고, 지역을 분리해야 한다는 극단적인 요구을 하기도 했다. 스페인에서 지역 정당은 선거구에서의 득표산출에 따라 비례대표를 확보할 수 있기 때문에 전국적인 군소정당들과 비교해 의석을 확보하기에 유리했다. 결국, 크기가 다른 선거구 획정, 동트식 비례대표제와 봉쇄조항의 채택을 통해 의회에 진출하는 정당의 수는 감소하여 정당의 난립은 제한할 수 있었다. 하지만 한편으로 거대정당은 이 제도를 통해 의석을 유리하게 확보할 수 있었고, 선거구에 집중된 지역세력들 역시 지역정당을 통해 의회에 진출할 수 있었다. 이렇게 비례대표제에 지역주의 균열까지 더해지면 다당제적 특성을 보일 수 있지만, 스페인에서는 양당제적 특성이 나타났다. 그 원인으로는 이념 균열이 주로 거론된다. 하지만 스페인의 이념 스펙트럼은 광범위한 중도를 넘어 공산당과 연합좌파 내 여러 군소정당들과 우파 정당 등 이념 정당들이 많다. 따라서 스페인에서 양당제 촉진의 원인은 다양한 이념 스펙트럼의 토대에서 생긴 중도 성향의 강화라고 보는 것이 적절하다.

민주주의로의 이행과 같은 체제 변혁기에는 새로운 선거법이 도입된다. 또한 의회가 구성되며, 헌법이 제정되는 등 새로운 게임의 규칙에 기반을 두고 정부가 조직되고 운영된다. 스페인의 1977년 선거를 통해서도 이러한 모습을 살필 수 있다. 이 시기 선거를 주목해야 하는 이유는 당시 확정된 선거법이 헌법 제정과정에서 몇 가지 수정을 거쳐 그 이후 총선에도 계속 적용되었기 때문이다.[2] 특히 주목할 점은 스페인 선거제도가 득표율과 정당 규모에 따라 의석수 배분에 미친 영향이다.

1977년 6월 15일에 실시된 총선에는 총 유권자 중 79.24%인 1800만 명이 투표에 참가했고, 전국적으로 100여 개의 정당들이 선거에서 경쟁했다. 하지만 일부 주요 정당들이 집중적인 득표를 획득함으로써 정당의 난립은 방지됐다. 그 중에서 민주중도연합(UCD: Unión de Centro Democrático), 사회노동당(PSOE: Partido Socialista Obrero Español), 공산당(PCE: Partido Comunista de España),

---

2 1978년 헌법이 어려운 사회적 합의를 거쳐 성립한 것인 만큼 헌법개정이 금기시되는 분위기가 있었다고 한다 (Ferreres 2013, 56-59).

인민동맹(AP: Alianza Popular) 4개 주요 정당이 80% 이상의 득표율을 획득해냈다. 그러나 주요 정당 가운데서도 배분된 의석수는 크게 차이를 보였다. 체제 내 온건파를 대표하고 있던 민주중도연합이 359석 중 가장 많은 160석을 확보했다. 그 뒤를 이어 온건좌파인 사회노동당이 48석 획득으로 선전을 한 반면, 공산당과 인민동맹에는 적은 의석이 배분됐다. 이같이 주요 정당 외에는 지역정당들(카탈로니아와 바스크 지역 기반 군소정당)이 대부분의 나머지 의석을 차지했다. 따라서 주요 정당의 의석도 과반에 이르지 못하여 안정적 다수정부를 구성하지 못했고, 정당체제의 안정도 여전히 미흡했다.

1977년 확정된 선거제도는 안정성과 사회적 대표성에 대해 대립하는, 다양한 정치세력들의 입장을 절충한 결과였다. 하원과 상원이 다른 선거방식을 채택함으로써 좌익과 우익의 요구를 균형적으로 반영할 수 있는 타협점을 찾았다. 하원은 특히 다양한 사회집단의 대표성을 확대하여 의회진출을 가능하게 함과 동시에 득표율을 가능한 정확하게 반영하기 위해 비례대표제를 채택했다. 그러면서도 한편으로 이로 인해 야기될 수 있는 정당의 난립과 파편화 구조를 방지하기 위한 보완조치들, 예컨대 최대평균 동트식 의석배분과 3%의 봉쇄조항을 함께 도입했다.[3]

정당체계의 파편화를 방지하기 위한 이러한 조처들은 군소정당의 의석진출에는 불리하게 작용했지만, 거대정당이나 선거 연합에는 유리했다. 예컨대 군소정당들이 몇 개의 선거구에 집중되지 않는 한 의

3 한편 이러한 협상과 타협의 산물들은 당시의 정치적 세력 관계를 반영하고 있었고, 그것은 좌파나 군소정당의 승리를 제한하는 조항으로 또는 특정 지역에 대한 과대대표로 표출되기도 했다. (고주현, 2018c, 78; Share 1986)

회로의 진출은 제한된다. 또한 그들이 얻은 득표수, 즉 유권자들의 지지에 비해 상대적으로 적은 수의 의석만을 얻게 된다. 또한 인구가 적은 지역에 특정 정당을 지지하는 유권자들이 집중돼 있을 때 득표율이 왜곡되는 문제가 발생한다(정병기 2017, 182-183). 예를 들어 이 시기 스페인에서는 모든 선거구에 최소한의 의석수(본토 지역의 경우 각 2석)를 보장함으로써 인구 과소지역이 과대대표되는 결과가 나타났다.

다시 말해 스페인의 선거제도는 군소정당의 의회 진출을 제한하고, 그들이 획득한 득표수와 비교해 상대적으로 적은 의석을 확보하게 함으로써 거대정당에 의석이 집중되는 선거 효과를 초래했다. 이러한 선거제도는 이후 선거 결과에서 좌우익 모두에게 이익을 주기도 했다. 하지만 제도를 도입하고 이행하는 과정에서 세력의 우위 관계가 반영되기도 했다.

1980년대 이후에는 정당체계의 변화는 있었지만, 여전히 국민당과 사회노동당을 중심으로 한 양대 거대정당이 의회를 독점하는 방향으로 공고화됐다. 2008년 3월 9일 치러진 선거에서 여당인 사회노동당이 총 350개 하원 의석 중 169석을 확보하였고, 야당인 국민당은 154석을 확보했다. 카탈로니아 지역 정당인 집중과연합(CiU)이 그 뒤를 이었지만, 10석을 얻는 데 그쳤다. 그 외에 카탈로니아공화좌파(ERC), 바스크민족당(EAJ-PNV) 등 7개 군소정당이 원내 진출에 성공했다. 이와 같은 양당제적 경향은 1990년대와 2000년대 중반까지 지속됐다. 이후 2011년 11월 20일 실시된 총선에서는 야당이었던 국민당이 44.62%의 득표로 186석을 확보해 의회 내 절대 다수당이 됐다. 집권 여당이었던 사회노동당은 28.7%의 득표에 그쳐 59석을 잃어 110석을 확보하는데 머물렀다. 한편 상원에서는 국민당이 136석을 얻어 1당을 유지했으며, 사회노동당은 48석을 얻어 제2당이 됐다. 사회노동당은 지방의회 선거에서도 크게 패하는 결과를 맞게 되는데, 이는 2007년부터 시작된 경제위기로 인한 스페인 정부의 긴축정책에 기인한다. 이 시기에 청년 실업률이 급격히 상승하자 2010년 이후 청년들의 급진적인 시위가 이어지기도 했다. 사회노동당은 당시 그들의 우세지역이었던 아스투리아스(Asturias), 에스트레마두라(Extremadura), 카스티야라만차(Castile-La Mancha)등에서 광역 지방정부의 재집권에 실패했다. 시군단위에서는 바르셀로나(Barcelona)와 세비야(Sevilla) 같은 주요 도시에서 보수세력에 시행 정부를 넘겨주었다.

2015년 총선에서 포데모스와 시민당(Cs)이 급부상한 것도 이러한 맥락에서 이해할 수 있다. 두 신생 정당 외 다른 군소정당들의 득표율이 거의 변화가 없다는 점을 볼 때, 파편화 현상은 약화되지 않았음을 알 수 있다. 또한 시민당이 처음부터 중도우파적 성격을 견지했고, 포데모스도 점차 중도성을 강화해감으로써 중도 경쟁의 구심성 역시 사라지지 않았다고 할 수 있다. 이처럼 지역주의와 이념 스펙트럼상 파편적이지만 중도 경쟁을 통해 형성된 구심성은 파편화 양당제를 지탱하는 주요 요인이었다.

한편 스페인 정치의 특징은 정치·정당 혐오로도 설명될 수 있다. 그 원인은 정부 정책에 대한 실망이었다. 2011년 집권당이었던 사회당에 대한 지지율 하락이 시작된 원인으로 2008년 금융위기 이후의 긴축정책에 따른 복지 축소, 높은 실업률, 정치인 부패 문제 등이 지목된다. 이 분위기에서 긴축정책과 빈부 격차에 항의하는 '5월 15일 운동(Movimiento-15M)' 또는 '분노한 자들의 운동(Movimiento de Indignados)'이라고 불리는 시위, 파업, 공간점거, 주민평의회 등이 2011년에 발생했고, 이 운동에 뿌리를 둔 포데모스 등의 신생 정당들이 생겨났다. 이는 결국 정권교체라는 결과로 이어졌다.

하지만 2011년 총선으로 집권한 국민당도 산적한 문제들을 신속히 해결하지 못했다. 재정위기의 여파로 2012년 7월 국제 채권단의 구제 금융을 받았으나 2015년 선거 때까지 경제 위기는 지속되었고, 부정부패 연루 의혹과 실업 문제 등도 해결되지 못했다. 게다가 재정위기 해결을 추진하기 위해 강력하게 집행한 사회 보장 축소도 악재로 작용했다.

스페인에서 일어난 정치 및 정당 혐오증은 선거 연합 효과와 맞물려 정부 정책에 대한 비판의 주요 요인으로 떠올랐다. 한편 스페인에서 민주화 이후 상당 회기가 소수 정부였음에도 연립 정부는 한 번도 구성되지 않았다. 스페인 국민들의 다수가 연합 정치에 호의적이라는 점과 지역주의가 만연하여 정치 이데올로기의 차이에도 불구하고 지역정책의 유사도에 따라 지역주의 정당 지지자들의 정당 선호에 있어 수렴 현상을 보인다는 점에서 선거 연합의 가능성은 커진다.

스페인에서 선거 연합은 복잡한 양상으로 나타난다. 양대 정당이 주도하는 연합뿐만 아니라 군소 정당 간의 연합도 자주 결성된다(정병기 2017, 195). 특히 민주중도연합을 제외한 중도와 우파 진영은 1979년 선거에서도 연합을 결성했다. 좌파 진영에서도 1986년부터 공산당을 포함하는 선거 연합인 좌파 연합을 결성했다. 이 좌파 연합은 2000년 선거에서 사회당과 정책 연합을 형성하는 등 범좌파 연합에도 참여했다.

스페인 연합 정치에서 가장 특이한 점은 지역주의 정당들이 선거 연합에 참여함으로써 자신들의 생존을 도모해왔고, 거점 지역에서 거대정당을 지지함으로써 양당제를 촉진하고 유지하는 데 기여해 왔다는 점이다. 또한 집중과연합, 연합좌파 등 조직적 선거 연합으로 선거에 임한 경우에는 선거 이후에도 단일 교섭단체를 구성해 단일 정당처럼 의정 활동에 임한다는 것도 특징적이다. 더 나아가 이 연합들은 다시 거대정당들과 정책 연합을 구성하는 등 다양한 연합 정치로 양당제의 존속에 기여해 왔다. 이와 같이 지역주의와 이데올로기가 복잡하게 얽힌 지형에서 군소정당들 간 연합 정치는 파편화된 모습의 양당제를 촉진하는 요소로 작용했다. 하지만 2015-16년 선거에서 다당제적 특성을 보인다. 이는 무엇보다도 정치 및 정당 혐오증이 팽배한 상황에서 양대 정당들과 연합하는 것이 어렵게 된 점이 원인이라 할 수 있다. 그러다 보니 군소 정당들 혹은 신생 정당들 간의 연합만이 이루어졌다. 대표적인 예로 2008년부터 사회노동당과 대립하던 연합좌파는 2016년 선거에서는 포데모스와 조직적 선거 연합을 구성했다. 반면 사회노동당은 독자적으로 선거에 임했다. 국민당 또한 2000년대 후반에 이어 2015년과 2016년에는 바스크민족당, 집중과 연합, 카나리아연합(CC) 등 지역주의 정당들의 지지가 크게 줄었다. 반면 포데모스는 연합좌파 및 다양한 지역주의 정당들과 폭넓은 연합 정치를 구사했다. 이와 같은 또 다른 형태의 선거 연합 정치의 출현으로 그동안 스페인의 양당제적 특성은 희석되었고, 2015년 선거에서 나타난 다당제 재편의 전망을 여는 데 핵심 요소로 작용했다고 할 수 있다. 2019년 선거에서도 다당제적 경향은 유지됐다.

<표 3-1> 스페인 하원 선거 결과(득표율과 의석수)

		1977	1979	1982	1986	1989	1993	1996	2000	2004	2008	2011	2015	2016	2019 (1)	2019 (2)	2023
국민당 (pp)	%	8.3	5.9	26.4	26	25.8	34.8	38.8	44.5	37.7	39.9	44.6	28.7	33	16.7	20.8	33.1
	석	16	9	107	105	107	141	156	183	148	154	186	123	137	66	89	136
사회당 (PSOE)	%	29.3	30.4	48.1	44.1	39.6	38.8	37.6	34.2	42.5	43.9	28.8	22	22.6	28.7	28	31.7
	석	118	121	202	184	175	159	141	125	164	169	110	90	85	123	120	122
포데모스 (PODEMOS)	%	-	-	-	-	-	-	-	-	-	-	-	20.7	21.2	14.3		-
	석	-	-	-	-	-	-	-	-	-	-	-	69	71	42		-
시민당 (Cs)	%	-	-	-	-	-	-	-	-	-	-	-	13.9	13.1	15.9	6.8	-
	석	-	-	-	-	-	-	-	-	-	-	-	40	32	57	10	-
복스 (VOX)	%	-	-	-	-	-	-	-	-	-	-	-	-	-	10.3	15.1	12.4
	석	-	-	-	-	-	-	-	-	-	-	-	-	-	24	52	33
연합좌파 (IU)(UP) SUMAR	%	9.3	10.8	4	4.6	9.1	9.6	10.5	5.5	5	3.8	6.9	3.7	-		12.8	12.3
	석	19	23	4	7	17	18	21	8	5	2	11	2	-		35	31
집중과연합 (CiU) JxCat	%	3.8	2.7	3.7	5	5	4.9	4.6	4..2	3.2	3	4.2	-	-	-	-	1.6
	석	13	8	12	18	18	17	16	15	10	10	16	-	-	-	-	7
바스크 민족당 (EAJ-PNV)	%	1.6	1.7	1.9	1.5	1.2	1.2	1.3	1.5	1.6	1.2	1.3	1.2	1.2	1.5	1.6	1.2
	석	8	7	8	6	5	5	5	7	7	6	5	6	5	6	7	5
카탈로니아 공화좌파 (ERC)	%	0.8	0.7	0.7	0.4	0.4	0.8	0.7	0.8	2.5	1.2	1.1	2.4	2.6	3.9	3.6	1.9
	석	1	1	1	-	-	1	1	1	8	3	3	9	9	15	13	7
카나리아연합 (CC)	%	-	-	-	0.3	0.3	0.9	0.9	1.1	0.9	0.7	0.6	0.3	0.3	0.5	0.5	0.5
	석	-	-	-	1	1	4	4	4	3	2	2	1	1	2	2	1
민주중도연합 (UCD)	%	34.4	34.8	6.8	-	-	-	-	-	-	-	-	-	-	-	-	-
	석	166	168	11	-	-	-	-	-	-	-	-	-	-	-	-	-
기타*	%	12.5	13	8.4	18.1	18.6	9	5.6	8.2	6.6	6.3	12.5	7.1	6			4
	석	9	13	5	29	27	5	6	7	5	4	17	10	10	15	15	8
합계	%	100	100	100	100	100	100	100	100	100	100	100	100	100	100	100	100
	석	350	350	350	350	350	350	350	350	350	350	350	350	350	350	350	350
투표 참여율	%	78.8	68.3	79.9	70.5	69.7	76.4	77.4	68.7	75.7	73.8	68.9	69.7	66.5	71.8	69.9	66

·PSOE(Partido Socialista Obrero Español): 스페인 사회주의 노동자당
·PP(Partido Popular): 인민당
·Cs(Ciudadanos): 시민당
·PODEMOS: 포데모스 (2016-2019: United Podemos)
·VOX: 복스
·ERC(Esquerra Republicana de Catalunya): 카탈로니아 공화주의 좌파당
·JxCat(Junts per Catalunya): 카탈로니아와 함께 (2004-2011: 집중과 연합, CiU; 2015: 민주주의와 자유, DL; 2016: 카탈로니아 민주주의 집중당, CDC)
·EAJ-PNV(Euzko Alderdi Jeltzalea-Partido Nacionalista Vasco): 바스크 민족당
·EHB(Euskal Herria Bildu): 바스크 국가연합(2011: Amaiur, 바스크 민족주의 좌파연합)
·COMPROM-S(Coalició Compromís): 타협 연합
·CC-PNC(Coalición Canaria-Partido Nacionalista Canario): 카나리아 연합-카나리아 국민당 (2004: 카나리아 연합, CC; 2011: 카나리아 연합-새로운 카나리아스, CC-NC)
·UPN(Unión del Pueblo Navarro): 나바레스 인민 연합
·BNG(Bloque Nacionalista Galego): 갈리시아 민족주의 블록
·IU(Izquierda Unida): 연합좌파 UPYD(Unión, Progreso y Democracia): 연합, 진보, 민주주의.
·2019(2) UP: PODEMOS+IU(Izquierda Unida): 포데모스와 연합좌파의 연합
·2023 SUMAR: Podemos+Más País: 연합좌파

출처 : Parties and Elections in Europe; The Guardian.

4.2. 스페인 포퓰리즘 정당

1) 포데모스(PODEMOS)

2015년 유럽의회 선거를 앞두고 창당된 포데모스는 '5월 15일 운동(Movimento 15-M)'에 대중적 기반을 둔 사회운동 정당으로 시작했다. 이어 같은 해 3월에 단일 정당으로 창당되기는 했지만, 2016년 총선에서 연합좌파(IU)와 선거 연합을 구성했다. 포데모스는 현재 단일 정당으로 활동하고 있지만, 여전히 연합적 성격을 띠었다. 특히 지역 조직의 자율성이 강하며, 지역주의 정당들과 다양한 방식으로 연합 정치를 실현하고 있다.

2011년 5월 15일 마드리드의 뿌에르타 델 솔(puerta del sol de Madrid) 광장에서 정부의 긴축정책에 반대해 시위를 벌였던 분노한

사람들(indignados)이 포데모스의 주축을 이루었다. '5월 15일 운동'에 참여한 시위자들은 사회적으로 이질적인 사람들이었으며, 노조조직률이 미미한 부문의 청년 노동자층이 많았다. 그 이외 대다수는 호황기 소비경제에 길들여진 중산층 중에서 위기와 긴축정책으로 피해를 본 사람들이었다. 당시 광장에 모인 반정부 대중시위 군중은 긴축정책과 부패에 항의하는 세력들이었지만, 한편으로 전통적 연합좌파 세력이 왕정에 대해 강한 저항을 보인 것과 달리 입헌왕정과 친밀감을 유지하는 사람들도 있었다. 왕정은 1978년 헌법 체제의 일부였고, 포스트 프랑코 체제에서 보수주의의 구심점에 해당한다. 그럼에도 불구하고 광장의 군중들은 부패정당들이 선거를 통해 국민주권을 찬탈하고 있다는 주장을 펼쳤다. 하지만 전통적인 좌우 논리로 구분하기 어려운 면도 있었다. 부패한 정당들과 정치가에 대한 혐오와 반긴축이 그들의 주요 요구사항이었고, 운동에 참여했던 사회적 기반은 좌우 논리로 구별이 어려운 다른 이념을 갖는 대중이었기 때문이다. <그림 3-1>이 보여주듯이, 2008년 이후 스페인에서 정치와 정당 혐오증은 크게 증가했다. 특히 2011년 이후 부패를 가장 심각한 위기 요인이라고 응답한 비율이 급격히 증가했다.

<그림 3-1> 경제 및 정치적 위기 인식

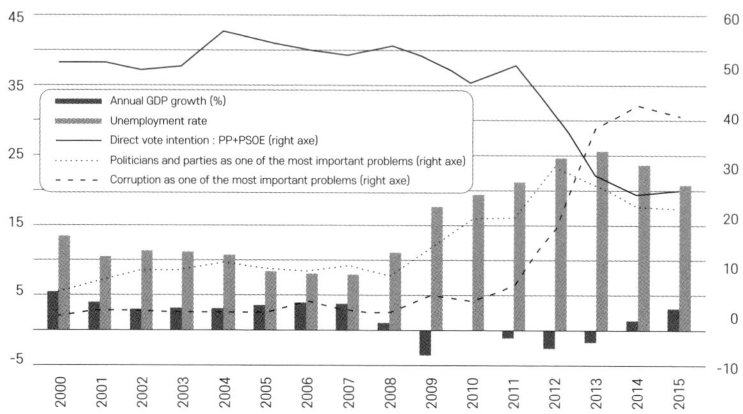

출처: INE(Instituto Nacional de Estadística); CIS(Centro de Investigaciones Sociológicas); Sola and Rendueles(2018), p.101.

포데모스는 반긴축을 주장한다는 점에서 전통적인 좌파 논리를 보인다. 하지만 결과적으로는 좌우가 아닌 위아래 구분으로 인해 좌파 지지층을 넘어 광범위한 대중으로 지지층을 확대할 수 있었다. 하지만 아래 <그림 3-2>가 보여주듯이, 2014년부터 2016년 사이에 포데모스 지지자를 대상으로 한 이념 성향 조사에서 자신을 좌파적 성향을 갖는다고 응답한 비율이 약 65%에서 80%까지로 나타났다. 또한 그들이 2011년 총선에서 투표한 정당 조사에서는 사회노동당과 연합좌파뿐만 아니라 어느 정당에도 투표하지 않은 무당층이었다는 응답도 높게 나타났다(<그림 3-3>).

<그림 3-2> 포데모스 지지자의 이념 성향

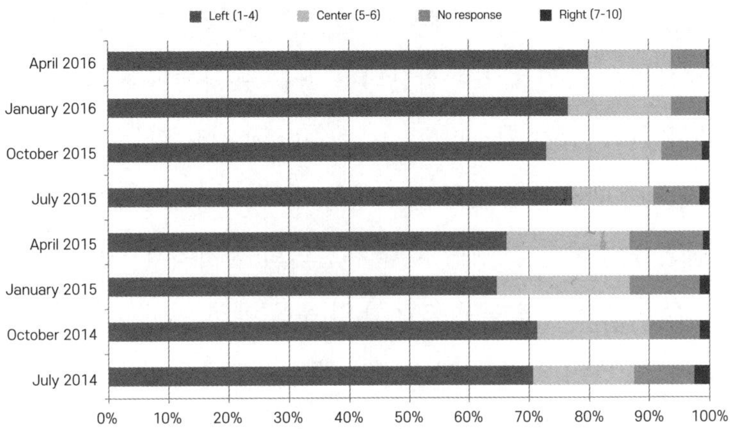

출처: CIS; Sola and Rendueles(2018). p.108.

<그림 3-3> 포데모스 지지자의 2011년 총선 투표

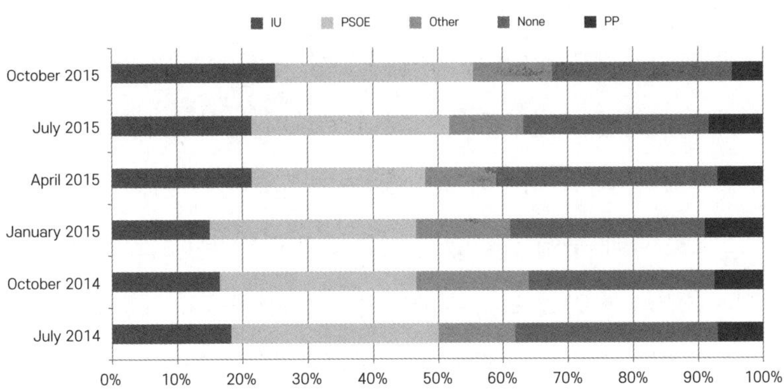

출처: CIS; Sola and Rendueles(2018). p.108.

당시 스페인에서는 마드리드를 시작으로 50개가 넘는 도시에서 시위가 벌어졌다. 그리고 실업 문제를 겪고 있는 청년층이 대규모로 참여하면서 운동이 장기화됐다. 그런데도 대부분의 국민들 역시 정부에 대한 시위 대중의 요구사항이 정당하다고 공감한 데에는 위기 해결에 미흡한 기존 정치세력에 대한 불만이 고조된 탓이 컸다.

점거 운동은 공간적으로 확산되어 가는 동시에 담론적 영향력도 확대해나갔다. '정치 카스타(casta política) 타도'라는 슬로건 하에 반긴축 및 반금융 자본의 급진적 사회 개혁 요구들이 섞여 전통적인 좌파 담론을 벗어났다. 창당 이후 유럽의회 선거에서 포데모스가 내세웠던 주요 선거 공약들은 '5월 15일 운동'에서 이미 등장했던 것이다. 그들에게 있어 인민 대 카스트의 대결 구도에서 민주화 이후 번갈아 정권을 차지해 온 두 개의 거대정당인 국민당과 사회노동당은 정치 카스트를 대표했다. 이들과 공산당 및 지역주의 정당들의 협상으로 만들어진 1978년 헌법 역시 개혁이 필요한 낡은 정치 카스트의 일부였다. 전통적 좌파는 1978년 헌법의 문제점을 왕정 존속과 같은 일부 문제를 중심으로 보았다. 이와 다르게, '5월 15일 운동'은 1978년 헌법 체제를 진정한 민주주의를 위해 반드시 넘어서야 할 카스트 체제로 공격했다. 시위 대중이 좌우를 넘어 국민당과 사회노동당을 정치 카스트로 한데 묶어 공격했던 이유는 일련의 부패 스캔들에 두 당이 모두 관련되어 있었으며, 경제위기 이후 정권을 교체했던 두 당 모두 일관된 긴축정책을 추진했다는 점 때문이다. 긴축정책을 추진하는 두 당이 모두 연루된 부패 스캔들은 분노한 대중들의 입장에서 긴축정책과 부패가 서로 연관되어있다는 인식을 심어주었다. 즉 분노를 부추긴 결정적 요인이 바로 긴축을 강요하는 정치세력이 부패한 자들과 동일했다는 것이다. 부패 스캔들, 버블경제의 몰락과 긴축정책이 시기적으로 맞물린 탓에 반긴축이라는 사회경제적 의제가 신자유주의 양당체제의 정치적 문제와 자연스럽게 연결될 수 있는 기반이 됐다(금민 2015, 268-272).

'5월 15일 운동'은 사회운동으로 진화했고, 2014년에는 '존엄의 행진(Marchas de la Dignidade)'이라는 이름하에 전국적 대규모 시위를 조직했다. 이 기간에 신자유주의 긴축에 반대하는 여러 사회운동 조직들이 형성되었고, 물결(Merea)이라는 이름으로 결집했다. 따라서 포데모스는 대중시위에서 사회운동의 형성으로, 나아가 사회운동에서 정당 창립으로 이어지는 두 단계에 걸친 도약으로 출발하였다. 포데모스는 모베르 피차 선언(Manifest Mover ficha)을 통해 독자 정당을 창당함으로써 유럽의회 선거에 개입한다는 의지를 표명했다. 또한 스페인에 강요된 긴축에 대한 저항과 이를 위한 제도적 힘의 필요성을 강조했다.

유럽의회 선거에서 포데모스는 7.98%의 득표로 5석을 획득했다. 선거 준비 과정에서 포데모스는 연합좌파의 연합명부에 가담하는 방식을 모색하기도 했다. 하지만 후보 선출 문제로 대립했다. 정당 간 합의로 후보를 선출할 것인지 혹은 개방형 예비선거를 치를 것인지에 관한 이견으로 인해 결국 포데모스는 연합명부가 아닌 독자명부로 출마했다. 포데모스의 유럽의회 선거공약에는 모든 사회구성원에게 아무런 조건 없이 지급되는 보편적 기본소득 도입, 경제의 주요 영역의 국유화, 스페인 정부 채무의 무효화, 나토탈퇴 등의 급진적인 개혁안들이 담겼다.

한편 무엇보다 주목할 점은 포데모스가 정치적 소수를 대표하는 것이 아니라 정치공동체 전체에 대해 보편성을 가지는 보편적 인민을 대표한다는 것이었다. 이는 포데모스가 정치적 소수를 대변하는 다른 사회운동 정당들과 구별되는 특징이다.

정치 카스트에 대한 공격이 포데모스가 성공한 가장 큰 요인으로 작용했다는 점은 좌우 이념 구분이 아닌 위아래의 수직적 구분이자 부패한 엘리트 대 순수한 인민이라는 대립 구도를 통해 포퓰리즘적 동원을 전개해나갔음을 의미한다. 한편 스페인의 연합좌파도 포데모스와 마찬가지로 반긴축 정당이다. 또한 포데모스는 이념적인 면에서 유럽 버전의 좌파 포퓰리즘에 속한다.[4] 하지만 연합좌파도 긴축에 찬성하는 국민당과 사회노동당을 모두 '카스트'로 공격하기에는 정치적 부담이 있었다. 왜냐하면 연합좌파 역시 1978년 체제에 합의한 파트너였기 때문에 체제의 일부로 여겨졌기 때문이다. 그로 인해 양대 기성 정당에 대해 그들의 대표성을 부정하는 분노한 군중들의 주장을 기반으로 1978년 체제의 폐지를 주장하긴 어려웠다. 이때 기성 정당의 부패와 더불어 신자유주의적 위기의 문제가 부상했다. 이러한 상황에서 스페인에서 1978 체제 자체를 문제 삼을 수 있었던 정치세력은 포데모스가 유일했다. 다시 말해 연합좌파에게는 1978년 체제보다 입헌 왕정이 더 문제였다면, 포데모스에게는 공화국이나 국왕이라는 문제보다는 무능하고 부패한 정치 카스트가 보다 큰 문제였다. 이는 결국 1978년 체제 자체의 문제로 연결됐다.

포데모스 특유의 포퓰리즘을 집약적으로 표현한 '카스트 타도'라는

4 솔라와 렌두엘레스는 포데모스가 급진적 좌파 이념의 정책들을 초기 제안했던 것과 대비해 국가가 공공보건과 교육을 제공하는 모체로써 국가의 책임과 기능을 강조하는 동시에 카탈로니아의 독립투표를 지지하는 등 권위주의 과거와 지역 고유의 정체성에도 불구하고, 포데모스가 국가와 민족 정체성을 관통하는 하나의 정체성을 형성해낼 수 있었다고 본다(Sola and Rendueles 2018, 104).

매개가 없었다면 반긴축 운동은 전통 좌파의 주장과 운동에서 벗어나지 못했을 수 있다. 긴축으로 대중이 고통받는 상황에서 위와 아래의 구도는 분노를 결집시켰다. 포데모스의 창당 과정에서의 포퓰리즘적 특징들은 내부 의사결정 구조와 집행 구조의 위기 대응 양식 전반에서도 지속적으로 나타난다.

포데모스가 조직 체계를 만들고, 운영 원칙을 정하는 일은 유럽선거 이후에 이루어졌다. 유럽선거가 끝나고 포데모스의 당수인 이글레시아스(Pablo Iglesias Turrión)는 매우 이질적인 포데모스 당원들의 상징적인 구심 역할을 했다. 지도자와의 일체화를 통해 이질적인 당원들은 하나의 집단적 정체성으로 통합될 수 있었다. 한편으로 포데모스의 사례는 좌파 정당이 포퓰리즘적 동원방식을 통해 대중정당이 되었을 때, 사회운동에 기반을 둔 당내 좌파와 카리스마적 지도자를 정점으로 하는 선거기구가 극단적으로 대립할 수 있다는 점도 보여준다(금민 2015, 273-285).

2014년 유럽의회 선거에서 포데모스는 무조건적인 기본소득 도입, 전략 산업 부문의 국유화, 스페인 정부채무의 무효화, 나토 탈퇴 등의 급진적 공약들로 지지를 결집시켰다. 하지만 이듬해 총선 공약에서 유럽의회 선거 당시의 공약들은 거의 삭제됐다. 기본소득이나 사회화 강령도 사라졌고, 대신 선별적 지원인 최소보장소득이 등장했다. 채무를 무효로 하는 정책을 대신해 유럽연합(EU)과의 재협상이 등장했다. 유럽의회 선거 공약들 중 여전히 남은 것은 덜 급진적인 개혁정책들이었다. 예를 들어 누진과세, 주당 35시간 노동, 자본거래세, 공공은행의 설립 등이다. 총선 공약을 통해 포데모스는 좌파 사회민주주의에 가깝게 전환한 것으로 평가받기도 한다. 유럽의회 선거공약에서 급진적인 내용들이 삭제된 점이나 선거 정책을 설계한 경제학자들이 좌파 사회민주주의에 가까운 인물들이었다는 점도 우로 선회했다는 증거다. 이처럼 포데모스가 사회운동 정당에서 포괄정당으로 전환하는 과정에서 좌의 고정적 지지층만이 아니라 중간층의 지지를 받으려고 노력한 결과로 우선회적 특성을 보이게 된 것은 주목할 만하다. 최초 결집에는 급진적이고 명료한 강령이 효과적이었다. 하지만 포괄정당으로 전환해 가는 과정에서 좌파적 특성을 갖는 강령적 명료성은 포데모스가 설정한 위와 아래의 구도에 불리한 요소일 수 있다. 명료한 강령은 찬반을 불러올 수 있기 때문에 중도 이념의 지지층 동원이 어려울 수 있다.

그와 같은 이유로 2014년 유럽의회 선거 종료 후 포데모스는 선거 당시의 급진적 개혁 공약에 대해 더 이상 언급하지 않았다. 대신에 분명한 반자본주의 레토릭을 사용했다. 이를 통해 포데모스가 추구하는 정책의 목표를 수사로 보여주는 동시에 그 수단에 대해서는 여지를 남겨두는 전략을 취함으로써 대중정당으로 성장할 수 있었다. 아래 <표 3-2>은 유럽의회 선거를 통해 8%의 득표율로 시작한 포데모스가 2016년 총선에서 21.1%의 득표율로 22.7%를 득표한 사회노동당과 근소한 차이를 보이는 것을 보여준다.

<표 3-2> 유럽의회 선거와 지방선거 및 및 총선 결과 2014~2016(%)

	유럽의회 선거 2014.05	지방선거 2015.05	기초선거 2015.05	총선 2015.12	총선 2016.06
국민당	26.0	31.0	27.5	28.7	33.0
사회노동당	23.0	25.1	16.6	22.0	22.7
포데모스	8.0	13.9	22.2	20.7	21.1
시민당	3.2	10.2	11.4	13.9	13.1
연합좌파	10.0	4.4	8.8	3.7	-

출처: El País; Sola and Rendueles(2018). p.100.

2) 복스(VOX)[5]

2018년 이후 부상하고 있는 복스는 제도권 밖에서 정치적 환경변화를 고대하면서 잠복해있던 극우주의 세력이 포퓰리즘적 동원이라는 전략을 통해 성공한 사례이다. 스페인에서 그동안 극우 정치세력의 중앙의회 진출이 어려웠던 이유는 지역주의와 권위주의 경험 등을 원인으로 한다. 하지만 최근 복스의 성공을 가능하게 했던 계기 역시 존재하며, 그 맥락에 대한 분석이 필요하다.

먼저 복스가 포퓰리스트 급진우익정당(Populist Radical Party, 이하 PRR)에 해당하는가를 살펴보아야 한다. 카스 뮈데(Cas Mudde)에 따르면 PRR은 '토착주의, 권위주의와 포퓰리즘의 혼합'이다. 토착주의의 특징은 민족주의와 제노포비아이다(Mudde 2011, 12). 따라서 이는 두 개 집단, 즉 국가 공동체에 소속된 자들과 그렇지 않은 자를 구분하고, 민족 외부의 사람들을 민족 내부 집단의 동질성에 대한 심각한 위협으로 간주한다. 한편 권위주의는 엄격한 질서 사회를 최

5 이 절은 고주현(2020) 논문에 게재된 내용 중 일부를 발췌 및 정리했음을 밝힌다.

우위 가치로 삼고 권위에 대한 위반은 철저히 처벌받아야 한다는 신념을 공유한다. 또한 포퓰리즘은 앞에서 언급했듯이, 연성 이데올로기이자 사회를 동질적이고 적대적인 두 개의 그룹, '순수한 인민'과 '부패한 엘리트'로 구분해 서로를 대척점에 세운다. 나아가 정치가 인민의 '일반 혹은 전체 의지를 표현해야 한다'고 본다. 복스는 2013년 12월 국민당의 일원이었던 산티아고 아바스칼(Santiago Abascal)에 의해 창당됐다. 아바스칼은 마리아노 라호이(Mariano Rajoy)가 이끄는 국민당이 그동안 전통적 가치, 국가통합, 경제적 자유 등의 이슈에서 지나치게 온건화된 것에 불만을 품고 복스를 창당했다. 직접적인 이유는 낙태와 동성 결혼을 주장하는 스페인 페미니즘 운동의 최근 성장에 대한 대응이었다. 하지만 이와 동시에 이주민, 이슬람과 다문화에 대한 저항 등 전통적인 극우주의적 요소를 주요 이념으로 한다는 점에서 복스는 뮈데(Mudde)의 PRR 정의에 부합한다.

복스는 또한 권위적 보수주의와 민족주의에 강한 기반을 둔 정치이념을 갖는 정당이다. 국가의 강력한 중앙집권화를 옹호하고, 지역의 자치 권한 축소를 주장한다. 복스를 신파시스트 정당으로 보는 소수의 학자들도 있다(Franquesa 2019, 545). 하지만, 민주주의적 법적 질서를 인정한다는 점에서 복스는 현대 포퓰리스트 급진우파 정당에 더 가깝다(Dennison 2019, 1). 턴불 듀가르트(Turnbull-Dugarte)는 복스가 민족주의, 권위주의, 전통적인 가치를 중시하는 속성과(Ferreira 2019, 92) 더불어 특히 스페인의 과거 영광에 대한 회복을 강조하는 것에서 포퓰리스트적 접근을 찾을 수 있으며, PRR 정당에 해당한다고 본다(Turnbull-Dugarte 2019, 2). 무엇보다 '스페인을 다시 위대하게'라는 구호로 포퓰리스트적 호소를 보이는 것은 포퓰리스트 급진우파 정당에 걸맞은 민족주의적 시그널로 이해할 수 있다. 복스와 이념적 유사성을 갖는 프랑스의 인민전선(Front National), 독일을 위한 대안(AFD), 영국독립당(UKIP)과 다수의 유럽 극우 정당들처럼 복스는 이민에 대해 강경한 입장을 견지한다. 또한 범죄를 저지른 불법 이민자 추방과 이민자 유입에 호의적인 사회정책의 폐지를 주장한다(Vox Manifesto 2019). 주목해야 할 점은 이민에 대한 강경노선은 그동안 스페인의 여타 정당들의 담론에서 정치적 선명성을 보이지 못했던 이슈라는 점이다(Encarnación 2004). 복스가 반이민을 강조한 것은 스페인의 정치적 맥락에서 예외적이다(Morales et al. 2015).

한편 카탈로니아 문제에 있어서 복스는 권위주의에 대한 선호와 스페인 민족주의적 요소를 모두 표방한다. 무엇보다 분리주의자들의 위협에 대항해 카탈로니아 지역의 자치 중지를 요구하고,(Vox Manifesto 2019) 분리독립의 목적을 갖는 정당에 대해 위헌을 주장한다. 이러한 목표들은 복스의 극단주의적 성격을 명백히 드러내고, 다른 우파 정당들과의 정치적 거리를 보여준다.

<표 3-3> 복스(VOX) 이념적 특성

특성	VOX	
민족주의	O	· 범 스페인 국경을 스페인 민족의 범위와 연계, 문화적 동질화 강조 · 카탈로니아, 바스크 등 소수의 대안적 민족 프로젝트 억제
토착주의	O	· 국가의 내부적 동질화 강조 · 강경한 이민정책 · 이슬람 근본주의와의 투쟁
권위주의	O	· 법과 질서 강조 · 헌법 가치와 정의 훼손 비판
포퓰리즘	O	· 부패한 주류 정당과 피폐한 대중의 삶 연계 · 공공 기관과 관료의 정직성, 국가 효율성 · 분리독립 세력을 국가 통합을 훼손하는 '내부의 적'으로 상정 · 분리독립 세력에 동조하는 주류 정당 역시 적으로 상정
전통적 가치	O	· 전통 가치 수호 · 스페인의 단일 문화와 언어 강조
반민주주의	X	· 대의 민주주의 수용 · 선거 제도 개편 요구(폐쇄명부, 할당제 등)

출처: Vox Manifesto(2019) 토대로 저자 정리; 고주현(2020).

이처럼 복스의 극우적 성격은 이민자에 대한 적대와 민족주의적 특징을 통해 확인할 수 있다. 하지만 이러한 적대가 포퓰리즘의 가장 기본적인 특징인, '엘리트와 인민 사이의 적대'로 여겨져 지지를 이끌어내는지에 대한 보다 구체적인 설명이 필요하다. 복스는 매니페스토에 나타난 이민자에 대한 적대와 이에 대한 대중의 지지 때문에 PRR로 분류되기도 한다. 복스 역시 포데모스와 마찬가지로 인민과 엘리트 사이의 적대를 부추긴다. 그리고 여기에 지역주의 균열이 더해진다. 복스는 적대시하는 분리독립 세력(지역주의 정당뿐 아니라 이들과 결탁하는 주류 정당 포함)과 이민자에 친화적인 세력을 부패한 엘리트의 영역으로 본다. 그리고 중앙집중주의와 스페인 민족주의를 추구하는 복스를 위시한 그 외 세력을 순수한 인민의 구도로 파악한다. <그림 3-4>는 포퓰리즘의 최소 정의인 엘리트 대 인민 구도로 복스의 이분 구도를 형상화한 것이다.

<그림 3-4> 엘리트 VS 인민 구도에 따른 복스(VOX)의 이분 구도

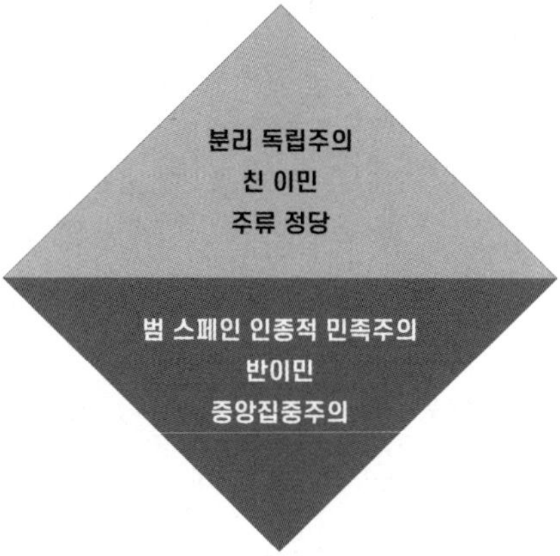

출처: 저자 작성

급진우파 정치세력인 복스가 포퓰리스트 정당으로 결국 2018년 안달루시아 지방선거와 2019년 총선을 통해 스페인에서 민주화 이후 처음으로 지역과 전국 차원에서 의석을 확보한 것은 의미가 있다. 2018년 12월 2일 치러진 안달루시아(Andalucía) 지방선거는 수자나 디아스(Susanna Díaz) 자치수반의 조기 선거 발표로 이루어졌다. 당시 그러한 상황은 국민당 소속 총리에 대한 불신임안이 가결되고, 사회당 당수인 페드로 산체스(Pedro Sanchez)가 신임 총리로 임명된 직후였다. 따라서 안달루시아에서도 조기 선거를 통해 사회당의 지지기반을 확고히 할 수 있을 것이라는 기대가 있었다(Martín-Arroyo 2018).

선거는 국가적 갈등 상황 속에 치러졌다. 사회 및 경제적 이슈에 대한 자유주의적 좌파와 보수 우파 간의 전통적인 정당 갈등과 함께 스페인의 정치경쟁은 지방분권을 둘러싼 중앙-지방 갈등이 주요 요인이었다. 2017년 10월 1일, 분리독립 연정이 이끄는 카탈로니아 자치정부는 중앙정부의 승인 없이 지역의 독립 여부에 관해 자체 투표를 진행했고, 10월 27일 일방적 독립을 선언했다. 라호이가 이끄는 중앙정부는 독립운동을 저지했고, 스페인 헌법 155조를 발동해 카탈로니아 주정부의 자치 권한을 중지시켰다. 그리고 차기 선거 시까지 중앙으로부터의 직접 통제를 실시했다.

이로 인한 정치적 갈등은 2020년 현재까지도 큰 개선을 이루지 못했다. 카탈로니아의 전 자치 수반인 카를레스 푸지데몬(Carles Puigdemon)은 브뤼셀에 망명 중이다. 또한 그의 동료들 역시 스페인 대법원에 의해 국가 반역죄를 이유로 재판 중에 있다. 현재 분리주의 연합은 카탈로니아에서 여전히 권력을 유지하고 있는 반면, 카탈로니아 독립을 둘러싼 정치적 갈등은 지역을 넘어 전국 차원으로 확대되고 있다. 안달루시아 지방선거는 카탈로니아 문제로 인한 국내 갈등에 더해 2018년 아프리카로부터 유입된 이민자 수가 이탈리아와 그리스를 초과한 이후 스페인이 유럽 이민 위기의 새로운 거점으로 부상하면서 문제가 확대됐다(Keeley 2018). 산체스가 이끄는 사회당 정부가 평소 이민자와의 유대를 강조해왔음에도 이탈리아 정부의 아쿠아리우스(Aquarius) 선으로부터의 이민자 수용 거부 이후, 이에 대한 수용 입장은 스페인 내 언론과 야당으로부터 비난을 피하지 못했다(Sanmartín 2018). 복스의 정치적 성공에도 카탈로니아 이슈와 이민 문제에 대한 정당의 유권자 동원 능력이 중요한 요인으로 작용한 것이다(Jabois 2018; Llaneras et al. 2018).

한편 사회당은 2015년 대비 14석을 잃었다. 역대 선거 중 최악의 성적이었다. 포데모스의 지역 정당인 전진안달루시아(AA: Adelante Andalucia)도 득표율이 6% 하락했다. 결국 지역의 좌파 블록인 사회당과 전진안달루시아는 17석을 우파 연합에 내주었다. 비록 국민당 역시 득표율과 의석수가 지난 지역 선거와 비교해 감소했으나, 시민당과 복스의 약진으로 주류 우파 정당들은 안달루시아 유권자들이 지역의 좌파 기반 정치에 대한 변화와 쇄신을 요구한 것이라 주장했다.

<표 3-4> 2015년 및 2018년 안달루시아 지방선거 결과

	% 득표율 (의석)		증감율
	2015	2018	
사회노동당(PSOE)	35.43 (47)	27.95 (33)	-7.48 (-14)
국민당(PP)	26.76 (33)	20.75 (26)	-6.01 (-7)
시민당(Cs)	9.28 (9)	18.27 (21)	+8.99 (12)
전진 안달루시아(AA)	21.73 (20)	16.18 (17)	-5.55 (-3)
복스(VOX)	0.45 (0)	10.97 (12)	+10.52 (12)

출처: www.parlamentodeandalucia.es (검색일: 2020.4.15.); 고주현(2020), p.167.

지방선거 결과 주류 우파 정당은 승리했다고 주장했다. 그러나 주요 언론들은 복스의 첫 의석 확보와 급진우파 정당에 대한 정치적 호소가 지역에서 설득력을 얻은 것이라고 평했다. 결국 국민당과 시민당의 연립을 통한 우파 블록의 지방 정부 탈환은 복스의 지원으로 가능했고, 이는 안달루시아 지역에서 지난 36년간 사회당 주도 정부의 종식을 가져왔다.

한편 2019년 4월 총선은 경제적 대침체 이후 주류 정당에 대한 지지가 새로운 도전자인 포퓰리스트 급진우파 정당에 의해 약화됐다는 측면에서 의미 있다. 2019년 4월 선거에서 가장 큰 승자는 사회당이었지만, 그럼에도 처음 중앙의회 의석을 차지한 복스가 더 주목받았다. 포퓰리즘은 스페인 정치에서 새로운 분열 현상이다. 스페인에서 포퓰리즘 현상은 포데모스라는 배너 하에 좌파적이고 포용적인(Mudde and Kaltwasser 2013) 형태로 출현해 2015년과 2016년 총선에서 승리를 거둔 바 있다. 또 다른 신생 정당인 시민당은 포퓰리스트로 분류되진 않지만, 중도 우파 정당으로 국내 정치의 재편을 요구하며 세를 확대해나갔다. 일련의 부패 스캔들로 상처를 입은 국민당은 2018년 의회의 불신임안 통과로 인해 사회당에 정권을 내주었다(Margulies 2018). 2019년 총선의 결과는 파블로 카사도(Pablo Casado)로 당수가 교체된 국민당이 더 이상 중도 우파의 지배 정당이 아니란 것을 보여준다. 또한 <표 3-5>를 통해 알 수 있듯이, 국민당이 정치 스펙트럼의 우측에서 증가하는 경쟁과 분열에도 불구하고 여전히 선거적 경쟁력을 보유하고 있지만, 사회당과 포데모스가 입지하고 있는 중도 좌파와의 경쟁에선 뒤처지고 있었다.

<표 3-5> 2019년 총선 결과

	득표율		의석 (괄호 안은 의석 %)	
	%	2016년과 차이(%)	점유 의석	2016년과 차이(%)
사회당(PSOE)	28.7	+6.1	123 (35.1)	+38 (+10.8)
연합포데모스 (Unidos-Podemos)	14.3	-6.8	42 (12)	-29 (-8.2)
중도좌파/좌파	43	-0.7	165 (47.1)	+7 (+2.6)
국민당(PP)	16.7	-13.3	66 (18.8)	-71 (-20.3)

시민당(Cs)	15.9	+2.8	57 (16.3)	+25 (+7.1)
복스(VOX)	10.3	+10.2	24 (6.8)	+24 (+6.8)
중도우파/우파	42.9	-0.3	147 (42)	-22 (-6.4)
기타(지역주의, 친독립주의 정당)	14.1	+1	38 (10.9)	+15 (+4.3)

출처: 스페인 내무부 (검색일: 2020.04.22.); 고주현(2020), p.168.

스페인에서 포퓰리스트 극우 정당의 출현을 가능하게 한 요인으로는 이민과 정치기회 구조 및 중앙지방 균열의 요인을 들 수 있다. 스페인의 사례는 다층 정치체제에서 포퓰리즘의 경쟁적 형태 간의 비교를 가능하게 한다.

기존 연구들은 우파 포퓰리즘을 좌파 포퓰리즘과 구분하는 핵심 요인에 대해, 좌파는 사회경제적 이슈들에 중점을 두는 반면, 우파는 사회문화적 이슈들에 집중한다고 설명한다. 배제와 포용이라는 분류 하에서 좌파 포퓰리즘은 사회경제적으로 포용적인 경향(빈곤층 포용)을 띤다. 반면 우파 표퓰리즘은 사회문화적으로 (외국인 배제) 배타적이다. 양가적 형태의 포퓰리즘은 세계화에 대한 반발과 특히 2008년 시작된 재정위기와 경기침체의 후폭풍으로 초래됐다. 하지만 사회경제적이고 사회문화적인 이슈들 간의 구별을 고려하면, 이들 현상들 간의 다른 측면들도 부각된다. 샤츠슈나이더(Schattschneider)가 언급했듯이, 정당과 정치 엘리트들은 자신들에게 유리한 사회 갈등은 동원하고, 그렇지 않은 사회적 갈등은 억압하거나 배제함으로써 정당체제를 형성한다. 이는 정당체제 형성의 맥락에서 중요하다(Schattschneider 2008, 111-121). 즉 특정 정당이 자당에 유리한 특정 균열을 의도적으로 동원하는 것이다.

로드릭(Rodrik)이 강조했듯이(Rodrik 2018, 12-33) 우파 포퓰리스트들은 세계화를 문화적 영역으로 강조하는 경향이 있다. 특히 이민은 국민의 일반 의지에 대한 외부적 위협으로 여겨진다. 반면에 좌파 포퓰리스트들은 주로 재정과 무역 통합의 형태로 야기된, 보다 경제적인 영역에 집중한다. 크리시 외(Kriesi et al)가 언급했듯이(Kriesi et al. 2006, 928), "국경 개방에 대해 급진 좌파가 반대하는 이유는 경제적 자유화에 대한 저항이자 국가 수준에서 좌파가 성취한 것에 대한 위협으로 간주하기 때문"이다. 반면 "포퓰리스트 우파의 경우 국경 개방은 국가 정체성에 대한 경쟁과 위협으로 사회문화적 형태의 저항"으로 본다. 일반적으로 이민율이 높은 지역에서 사회문화적 이슈들을 통한 정치적 동원력이 보다 증가한다. 실제로 기존 연구들은 이민과 우파 포퓰리즘 간의 상관성에 관해 증명한 바 있다(Halla et al. 2017).

최근 데니슨과 멘데스(Dennison and Mendes)는 복스를 반이민 정당으로 분류하고, 스페인 정치 지형에서 이민에 대한 이슈 선명성의 증가가 복스의 지지율 상승에 영향을 주었음을 경험적으로 증명했다(Dennison and Mendes 2019, 2-5). 이는 복스가 범죄자를 포함한 불법 이민자에 대한 즉각적 추방과 이민자 통합에 친화적인 사회정책의 폐지를 강조하는 등 선거 기간 동안 이민에 대해 강경한 입장을 유지했다는 점에서 설득력을 갖는다(Turnbull-Dugarte 2019, 3; Vox Manifesto 2019). 주목해야 할 점은 그동안 스페인은 역사적으로 남아메리카 식민지로부터 이주한 이민 비율이 전통적으로 높았던 국가였기 때문에 이주민에 대한 적대 정서가 다른 유럽 국가들과 비교해 크지 않았다는 점이다. 또한 2008년 경제위기와 대공황으로 인해 불법 이민은 오히려 감소하는 측면이 있었다. 하지만 알롱소와 로비라 칼트바쎄(Alonso and Rovira Kaltwasser)에 의하면 <그림 3-5>가 보여주듯이, 스페인에서 이민자에 대한 태도는 점차 변화하고 있다(Alonso and Rovira Kaltwasser 2015). 또한 CIS(Centro de Investigaciones Sociológicas)의 2013년 조사에서도 당시 스페인인들이 가장 중요한 문제로 꼽았던 이슈는 실업률 증가(전체 응답자의 82%가 선택)였지만, 이민 이슈가 그 뒤를 따랐다.

<그림 3-5> 스페인에서 이민자에 대한 태도

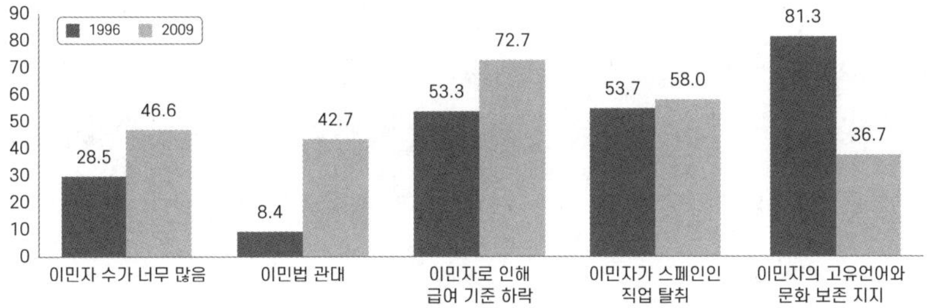

출처: CIS 조사; Alonso and Kaltwasser(2015), p.30; 고주현(2020), p170.

또한 2018년 안달루시아 지역을 통해 스페인으로 유입된 모로코인의 불법 입국자 수는 2016년과 비교해 10배 가까이 증가했다(<표 3-6>). 이는 지역의 실업 문제와 함께 이민 통제에 대한 필요성을 부각시키는 원인으로 작용했고, 반이민에 대한 프레이밍에 성공한 복스에 유리하게 작용했다고 볼 수 있다.

<표 3-6> 서지중해를 통해 스페인으로 불법 입국한 모로코인 수

2009~2018									
2009	2010	2011	2012	2013	2014	2015	2016	2017	2018*
254명	300명	776	365명	282명	468명	631명	722명	4,704명	7,120명

출처: Chislett(2018); 고주현(2020), p.170. *2018년의 경우 9월까지의 수

이민과 더불어 정치적 기회구조 역시 복스의 성공 요인이다. 특히 공급 측면의 논의들은 선거제도와 기성 정당의 이데올로기적 분포 등 포퓰리즘 정당의 성장을 용이하게 하는 정치적 기회구조의 차이에 주목해왔다. 이들은 정책적 이데올로기적 공간에서 기성 정당들이 중도의 입장으로 수렴될 때, 그리고 선거제도가 비례대표제일 때 포퓰리즘 정당에 대한 지지가 높게 나타난다고 본다. 비례대표제를 채택한 경우 단순다수제와 달리 소수 정당에 대한 유권자의 지지가 여과 없이 표출될 수 있기 때문이다. 또한 기성 정당들이 중도 입장으로 수렴됨에 따라 이로부터 소외된 좌-우 양극단의 유권자들이 각각의 입장을 대변하는 포퓰리즘 정당으로 흡수될 가능성이 높아질 수 있다.

2018년 안달루시아 지방선거에서 복스 투표자 중 절대다수는 이념적으로 우파 지지자들로부터 나왔다. 그중 과반 정도는 국민당 지지자들로부터, 20%는 시민당으로부터 왔다. 반면 좌파 지지자들로부터 얻은 득표율은 10% 미만이었다.

<그림 3-6> 2018년 복스(VOX) 지지자가 2016년 투표했던 정당

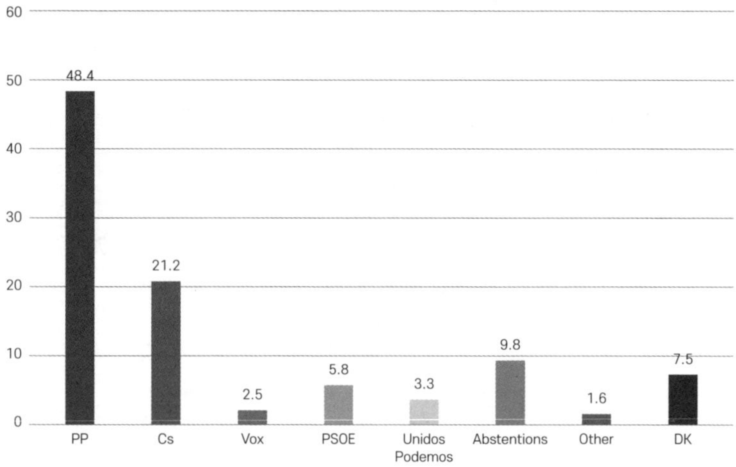

출처: CIS 조사; Turnbull-Dugarte(2019), p.3; 고주현(2020), p.171.

특히 시민당의 출현으로 국민당은 지지기반을 크게 상실했다. <그림 3-7>이 보여주듯이, 스페인 사람들은 1에서(좌) 10까지(우)의 정치이념 스펙트럼 상 국민당의 이념성을 7~10 사이로, 기존 정당 중 가장 우파적인 이념을 갖는 것으로 인식하고 있다. 하지만 중도우파적 성향의 신생 정당인 시민당과의 경쟁으로 국민당의 정책 이념성은 점차 중심을 향해 수렴해갔다. 이는 다운지안(Downsian) 모델이 설명하듯이, 중위 유권자 포섭을 위한 정당 간 경쟁에 기인한다. 보수성의 우측 척도가 흐려짐에 따라 새로운 극우적 성향의 정당 경쟁자가 등장할 수 있는 공간이 마련됐다고 볼 수 있다. 이와 함께 국민당의 연이은 부패 스캔들과 이로 인한 불신임안 가결 및 총리 교체는 국민당의 신뢰도를 한층 더 하락시켰다. 보쉬와 두란(Bosch and

Duran)은 2008년까지 국민당과 사회당 기반의 양당체제였던 스페인에서 시민당과 포데모스 같은 신생 정당이 표를 얻게 된 원인을 국가 경제의 악화와 부패한 기성 정당이라는 인식이 상호작용한 결과라고 본다(Bosch and Duran 2019, 1-11). 즉 정치 이념 스펙트럼 상 정당의 위치 변화가 복스 부상의 촉매로 작용한 것이다.

<그림 3-7> 이념 스펙트럼상 스페인 정당의 위치

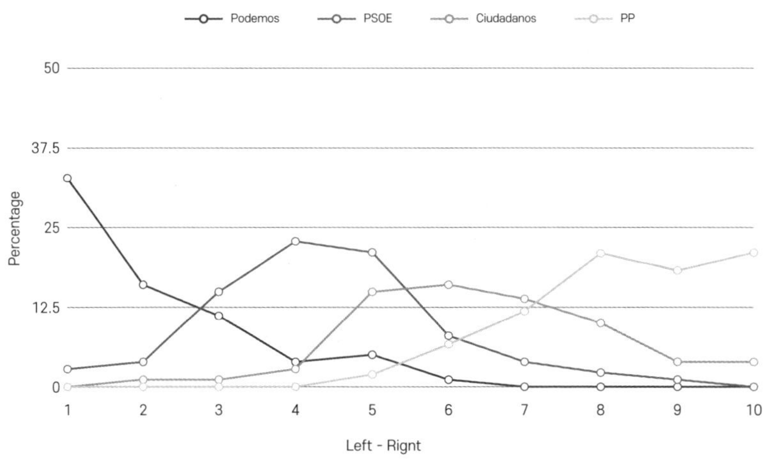

출처: CIS (2015); 고주현(2020), p.172.

한편, 중앙-지방의 균열은 그동안 스페인에서 극우 정당 출현의 제약 요인으로 지목되어왔다. 하지만 복스의 부상은 시기적 요인과 더불어 중앙-지방 균열의 강화로 오히려 가능했다. 급진우파 정당 출현에 관한 기존 이론들은 포퓰리즘의 출현과 영토적 동원 사이의 연관성에 대한 체계적인 분석을 제공하지 못했다. 영토적 동원은 다시 말해 립셋과 로칸(Lipset and Rokkan)이 제시한 중앙-지방 균열과 연관된다. 중앙-지방 균열은 스페인의 특징적인 정치 균열이었다(Lipset and Rokkan 1967; 고주현, 2018a; 고주현, 2018b). 그런데 2018년과 2019년에는 오히려 이 지역 균열에 의해 극우 정당의 출현이 가능했다.

스페인의 경우 두 개의 주요 포퓰리스트 정당인 포데모스와 복스가 전 스페인 영토에 걸쳐 경쟁하고 있다. 따라서 그들은 전국 정당이다. 하지만 이들은 다층 거버넌스의 특징을 갖는 정치체제 내에서 경쟁해야 한다. 또한 지역 중심의 민족주의 정서를 갖는 정당들의 영토적 요구에도 대응해야 한다(Subirats 2006, 175-200; Wilson 2012, 123-139). 스페인처럼 지역주의 정서가 강한 국가에서 포퓰리스트 정당들이 전국 정당으로 성장했을 때, 각 지역이 요구하는 민족주의적이고 영토적인 이슈에 대응하는 방식이 선거경쟁에서 정당의 승리를 결정하는 주요 요인이 될 수 있다(Vampa 2020).

알롱소와 로비라 칼트바쎄는 주변부 지역과 국가 민족주의 간에 격화된 갈등 균열구조가 스페인에서 급진우파 정당의 출현을 제약하는 주요한 요인이라고 봤다(Alonso and Kaltwasser 2015, 40). 다수의 '민족주의적 주변'의 정체성이 혼합되어있는 정치 환경에서 급진우파 정당이 민족주의라는 전략을 사용하기는 어렵다. 게다가 그동안 국민당이 국가중심적 입장을 확실히 점유해왔기 때문에 정치이념 스펙트럼 상 우측에서 중앙집중적이고 민족주의적인 세력이 출현할 가능성이 낮아졌다. 다시 말해 스페인의 경우 특정 조건에서 급진우파 정당이 전국 차원의 정당으로 출현하거나 성장하기에는 난항을 겪을 수 있다. 특히 지역주의적 민족주의가 존재하고, 다수의 강한 지역주의 정체성으로 인해 반이민 또는 배제의 메시지가 선거 동원을 위한 프레이밍 전략으로 채택되기 어려운 상황에서 중앙집중 경향을 효과적으로 대표하는 강한 중도우파 정당과 경쟁할 때 급진우파 정당의 출현은 제한된다.

따라서 이 맥락에서 보면 카탈로니아 사태 혹은 '영토적 위기'(Dowling 2017, 59-62)로 야기된 중앙-지방 균열의 급진화는 스페인에서 급진우파 정당의 성공 기회를 더 감소시켰어야 한다. 실제로 전국 단위의 급진우파 정당은 증가하는 영토적 긴장 속에서 반이민 정서를 갖거나 포퓰리스트적 사고를 갖는다. 하지만 카탈로니아의 경우처럼 특정 민족 공동체에 정체성을 갖는 유권자들로부터 지지를 얻어내기가 더 어려워질 수 있다(Alonso and Kaltwasser 2015, 28).

그러나 다른 한편으로 특정 지역의 자치 또는 다른 지역들로부터의 독립에 대한 강한 요구가 동일 국가 내의 타 지역들로부터 급진적 대응을 초래할 수 있다. 또한 중앙집중화에 대한 요구를 점화시킬 수 있다. 이는 다시 민족주의 세력들에 의해 이민 문제뿐 아니라 국가 공동체의 통합을 훼손한다는 명분으로 '내부의 적'(Mudde 2007, 69-70)으로 만들어져 이용될 수 있다. 2018년 말 카탈로니아 위기는 지리적 및 정치적으로 거리가 먼 안달루시아의 선거 지형을 바꾸는 핵심 역할을 했다. 턴벌 듀가르트(Turnbull-Dugarte)는 카탈로니아의 분리독립 위기로 야기된 지방분권 강화에 대한 우려가 2018년 안달루시아 지방선거에서 우파 도전자로 나선 복스에 대한 유권자 선택을 설명할 수 있다고 봤다(Turnbull-Dugarte 2019, 1-8). 당시 전국

단위의 주류 정당들이 분리독립 사태에 대한 위기관리에 취약했다는 것이다. 바로 이 점에서 알롱소와 로비라 칼트바쎄의 주장은 설득력 있다. 위에서 언급했듯이, 하위정부의 지역 기반적인 영토적 동원과 중앙-지방 균열의 중심에 위치한 강한 주류 정당이 동시에 수반될 때 전국 단위에서 급진우파 정당은 제약을 받는다. 하지만 부패 스캔들로 약화된 국민당의 위상이 복스에게는 기회의 창을 연 셈이 됐다.

실제로 영토 이슈는 복스의 선거 캠페인에서 이민이나 경제 이슈보다 더 중요한 역할을 했다. 복스는 '국가 중심의 종족적 민족주의'의(Calzada 2018, 345) 대변인이자 마드리드 중앙권력으로의 집중을 호소하는 수호자로 여겨졌다.

2019년 총선에서 복스가 내세운 선거강령의 첫 번째 장은 주로 '스페인의 통합과 주권(España, Unidad y Soberanía)'에 관한 내용이었다. 선거 캠페인에서 정당이 가장 핵심적인 주제로 국가 통합을 상정하고, 이에 대한 우선순위를 명확히 하고 있음을 확인할 수 있다. 정당의 또 다른 주요 이슈였던 이민 문제는 강령의 세 번째 장에서 다루고 있다. 경제에 관해서는 안보와 법치 및 질서에 이어 다섯 번째 장에서 언급하고 있다. 한편 복스 선거강령의 첫 번째 장의 첫 절은 카탈로니아의 자치 중지에 관한 요구이다. 국가 통합을 훼손하는 것으로 여겨지는 정당의 해산과 함께 스페인 국가의 상징과 언어의 보호, 지방 경찰제도의 중지, 스페인을 단일 정부와 단일 의회를 갖는 단일 국가체제로 전환하고, 교육, 보건, 치안 및 사법과 같은 자치 지역의 고유 권한들을 중앙으로 이전하는 것을 골자로 한다(Vox Manifesto 2019, 1-2). 국민당과 시민당을 포함해 분리독립을 반대하는 스페인 내 다른 어떤 정당들도 중앙-지방 관계에 있어 이보다 더 급진적인 입장을 취한 곳은 없었다. 또한 2019년 총선에서 복스는 영토적, 정치적 지역주의와 독립 지향적 정당에 대한 지지가 약한 지역에서 더 성공할 수 있었다.

반면 스페인의 좌파 포퓰리스트 정당인 포데모스는 영토 이슈에 있어서 다른 접근을 취했다. 포데모스는 유로존 위기 이후 긴축에 관한 정치적 논쟁과 저항의 과정에서 출현했다. 하지만 2015년까지 영토 문제는 정치적 논쟁의 중심에 있었다. 카탈로니아는 2014년에 처음 독립에 관한 투표를 실시하고, 이를 헌법재판소가 불법으로 규정했다. 2015년 총선이 있기 두 달 앞서 독립 지향의 정당들은 카탈로니아 지방선거에서 승리했다. 포데모스는 선거에서 승리하기 위해 이러한 흐름을 간과할 수 없었다. 결국 그들은 영토 동원에 대해 유연한 입장을 취했다. 비달과 산체스 비토레스(Vidal and Sánchez-Vítores)는 지방자치 권한의 확대를 포함한 정치적 이슈들이 2015년 선거 캠페인에서 경제 이슈보다 더 중요하게 다루어졌다고 언급한 바 있다(Vidal and Sánchez-Vítores 2019, 87-90). 그와 같은 상황에서 포데모스는 지역 권한의 확대를 강력히 지지하는 유일한 전국 단위의 정당이었다.

포데모스는 선거강령을 통해 자치 정부의 권리와 자치 시민의 자결권 및 스페인 국가의 다민족성에 대한 인정을 명확히 했다(Podemos Manifesto 2015). 포데모스는 카탈로니아뿐만 아니라 스페인의 다원성을 인정하는 캠페인에 적극적이었다(Payero 2015, 245). 포데모스에 관한 연구들은 다민족성과 지방자치에 호의적인 특성이 정당의 성공을 가능하게 했다는 것에 대체로 합의한다(Ivaldi et al. 2017, 368). 그들은 심지어 지역주의 운동정당, 예컨대 카탈로니아 지역의 엔 꼬무 포뎀(En Comú Podem)과 갈리시아(Galicia) 지역의 엔 마레아(En Marea) 및 발렌시아(Valencia) 지역의 포데모스 에스 엘 모멘트(Podemos-És el Moment)와의 연대를 통해 지방선거에서 승리를 거둔 바 있다. 2015년 총선 결과를 살펴보면, 포데모스가 지방분권을 지지하는 카탈로니아와 갈리시아 및 발렌시아 지역에서 더 높은 득표율을 보였다(Rodríguez-Teruel et al. 2016, 561-585).

일반적으로 포데모스로 대표되는 좌파 포퓰리즘은 중앙화의 성격이 우파 정당과 비교해 낮다. 따라서 국민의 지지를 받은 분리주의의 정당성을 인정하면서 지방자치 확대 요구를 명확히 수용하는 방향으로 전환할 수 있었다. 이와 같은 맥락에서 복스와 달리 포데모스는 지역주의와 친독립주의 정당에 대한 지지를 통한 영토적 정치 동원이 강한 지역에서 성공할 수 있었다.

한편 영토적 요인의 중요성은 다음 두 개의 지도에서 확인할 수 있다. <그림 3-8>은 2019년 스페인 52개 주에서 치러진 복스의 선거 결과를 보여 준다. <그림 3-9>를 통해서는 포데모스가 처음 총선에서 성공했던 2015년의 선거 결과를 확인할 수 있다. 복스는 카스티야 지역과 남부 안달루시아에서 큰 성공을 거두었고, 세우타와 멜리야 제도(Ceuta and Melilla)에서도 높은 득표율을 거두었다. 반면에 포데모스는 가장 의미 있는 승리 지역이 주변부인 카탈로니아 지역이었고, 발렌시아, 발레아리아 제도(Islas Baleares), 나바라를 포함한 바스크 지방(País Vasco)과 갈리시아 및 카나리아 제도(Las Islas Canarias)에서 큰 지지를 얻었다.

<그림 3-8> 2019년 스페인 총선에서 VOX 선거 결과

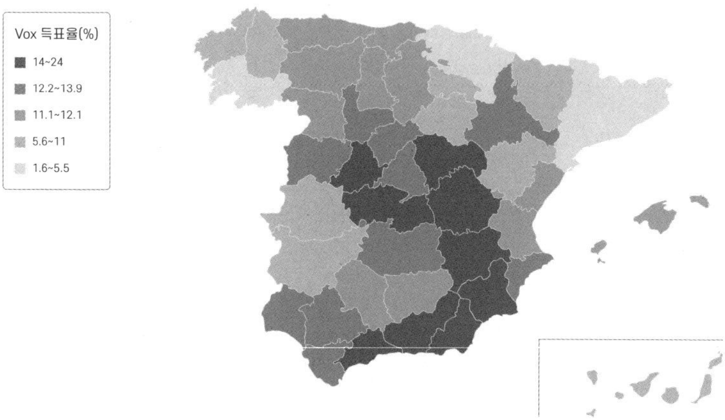

출처: 스페인 내무부; 고주현(2020), p.176.

한편 2015년 총선에 대한 CIS 조사에 의하면 자치 권한 확대와 독립을 지지하는 유권자의 1/3이 포데모스에 투표했다. 이 그룹에서 다른 정당에 대한 지지는 상당히 약하게 나타났다. <그림 3-10>의 그래프는 스페인에서 포퓰리스트 정당의 출현을 설명하는 요인으로 중앙-지방 균열과 영토 정치의 중요성을 보여준다.

<그림 3-9> 2015년 스페인 총선에서 PODEMOS 선거 결과

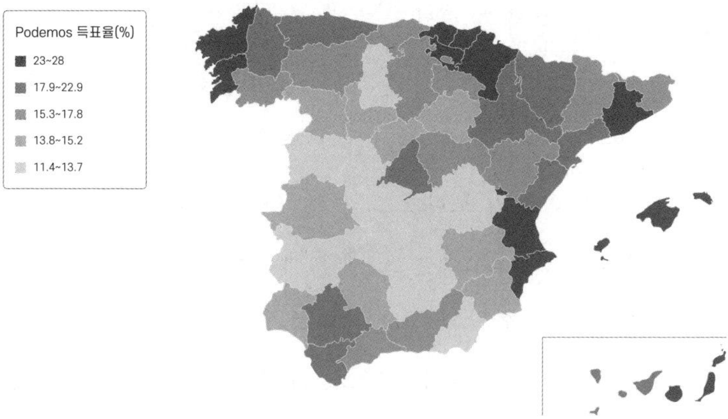

출처: 스페인 내무부; 고주현(2020), p.177.

<그림 3-10> 2015년 지방자치권한 확대 및 독립지지 유권자의 지지 정당 득표율(%)

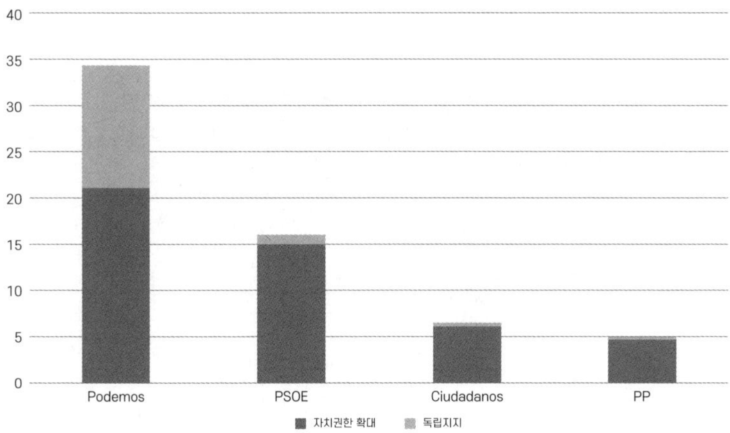

출처: CIS; 고주현(2020), p.177.

한편, <표 3-7>의 데이터는 2015년과 2019년 CIS 총선 조사 결과를 통해 포데모스가 지역주의 정당 유권자들로부터 20%~24.5%의 지지를 얻어 차선의 투표 정당이었음을 보여준다. 2019년 복스는 이

그룹에서 가장 낮은 지지율을 얻었다. 두 번째 열은 포데모스가 2015년 총선에서 강한 지역 정체성을 갖는 유권자들로부터 가장 많은 표를 얻은 정당임을 보여준다. 이 결과는 2019년 감소하지만, 그럼에도 복스의 0.7%보다는 상당히 높았다. 전통적인 사회경제적 정체성을 대신 고려한다면, 복스와 포데모스의 차이는 더 좁혀진다. 세 번째 열에서 볼 수 있듯이, 포데모스는 노동자 계급에서도 많은 지지를 받았다. 좌파 포퓰리스트 정당이 사회경제적 약자들에게 지지를 호소하기 때문에 결과가 크게 놀랍지는 않다. 한편 중요한 것은 복스와의 득표 차는 더 적어진다는 점이다. 다시 말해 복스와 포데모스는 사회경제적 이슈보다 영토 정체성 이슈에 있어 더 명확히 상반된 유권자 선택을 보였다.

<표 3-7> 유권자 집단별 스페인 정당 지지율 (2015년, 2019년)

	지역주의 정당 유권자들의 잠재적 지원(%)		강한 지역 정체성을 갖는 유권자들의 지지(%)		노동자 계층 유권자 지지(%)	
	2015	2019	2015	2019	2015	2019
PODEMOS	24.5	20	26.5	17.5	27.6	17.9
VOX		0.5		0.7		9.1
PSOE	9.1	14.2	14.2	20.2	24.3	37.7
PP	2.2	2.9	8.6	4.9	17.4	7.2
Cs	9.1	4.9	4.4	3.8	15.8	15.9

출처 : CIS; 고주현(2020), p.178.

<표 3-8> 2023년 스페인 지방선거결과 광역자치주별 집권당 현황

자치주	집권당(선거 전)	2023년 선거 결과
Andalucía(안달루시아)	국민당	국민당(선거 미실시, 2026년 예정)
Aragón(아라곤)	사회노동당	국민당(과반 미확보, 복스와 연합 시 정부 구성 가능)
Asturias(아스투리아스)	사회노동당	사회노동당(과반 미확보, 2개 이상의 좌파 정당과 연합 필요)

Islas Baleares(발레아레스 제도)	사회노동당	국민당(과반 미확보, 복스와 연합 시 정부 구성 가능)
Canarias(카나리아 제도)	사회노동당	불확실(정당 간 연합 여부에 따라 집권당 결정)
Cantabria(칸타브리아)	PRC(지역정당, 중도좌파 성향)	국민당(과반 미확보, 복스와 연합 시 정부 구성 가능)
Castilla-La Mancha (카스티야-라만차)	사회노동당	사회노동당(과반 확보)
Castilla y León(카스티야-레옹)	국민당	국민당(선거 미실시, 2026년 예정)
Cataluña(카탈루냐)	ERC(지역정당, 중도좌파 성향)	ERC(선거 미실시, 2025년 예정)
Valencia(발렌시아)	사회노동당	국민당(과반 미확보, 복스와 연합 시 정부 구성 가능)
Extremadura(엑스트레마두라)	사회노동당	국민당(사회노동당과 동일한 의석 수를 확보했으나 복스와 연합시 정부 구성 가능)
Galicia(갈리시아)	국민당	국민당(선거 미실시, 2024년 예정)
La Rioja(라리오하)	사회노동당	국민당(과반 확보)
Madrid (마드리드)	국민당	국민당(과반 확보)
Murcia(무르시아)	국민당	국민당(과반 미확보, 복스와 연합 시 정부 구성 가능)
Navarra(나바라)	사회노동당	불확실(지역우파정당인 UPN가 가장 많은 의석을 확보했으나 좌파정당연합의 연정 구성 가능)
País Vasco(바스크)	PNV(지역정당, 중도 성향)	PNV(선거 미실시, 2024년 예정)

출처 : 스페인 정부

<표 3-9> 2019/2023년 스페인 기초자치단체 선거 결과 비교

순위	2019년			2023년		
	정당	성향	득표율(%)	정당	성향	득표율(%)
1	사회노동당	중도좌파	29.3	국민당	중도우파	31.5
2	국민당	중도우파	22.2	사회노동당	중도좌파	28.1
3	Cs	중도	8.3	복스	극우파	7.2
4	ERC-AM	중도좌파	3.6	COMPROMIS	좌파	3.9
5	복스	극우파	2.9	AM	중도좌파	2.3

출처 : 스페인 정부

한편 <표 3-8>과 <표 3-9>가 보여주듯이 2023년 5월 28일 스페인 지방선거 결과, 국민당이 큰 승리를 거두었고 17개 광역자치구 중 관할 지역구를 5개에서 11개로 대폭 늘렸다. 반면 집권당인 사회노동당의 지역구는 9개에서 2개로 축소됐다. 이로 인해 산체스 총리는 12월로 예정되어있던 총선 시기를 7월로 앞당겨 실시하였고 그 결과 국민당 136석 사회노동당 122석, 복스 33석과 좌파 정당연합인 수마르가 31석을 각각 얻었고 그 외 지역정당들이 28석을 얻었다. 이 선거로 인해 국민당의 압승과 더불어 복스는 지역 의회 의석을 두 배 이상 늘려 스페인 3위 정당으로 부상하는 등 가파른 성장세가 이어졌다. <그림 3-11>과 <그림 3-12>가 보여주듯이 2023년 두 번의 선거결과는 스페인 사회가 이념적으로 첨예하게 대립하고 있음을 방증한다. 오랜 기간 유지되어 온 국민당과 사회노동당의 양당 체제가 경제위기를 겪으며 2010년 이후 다당 체제로 전환되었고 이후 어떠한 정당도 선거에서 압도적인 승리를 거두지 못하고 있다. 7월 총선에서도 국민당이 승리를 거두었지만 복스와의 연합을 통해서도 176석에서 6석이 부족해 과반 달성은 어렵게 되었다. 2023년 5월 지방 선거와는 달리 총선에서 국민당이 압승하지 못한 이유와 2019년 11월 총선에서보다 19석이 줄어든 복스의 득표 결과를 두고 스페인에서 여전히 극우 포퓰리스트 정치로의 회귀에 대한 국민들의 우려가 있다는 점을 확인할 수 있다. 스페인 유권자들이 근본적으로 온건함을 유지하고 있으며 극단주의 정당에 대한 지지가 점차 축소되고 있다는 점도 주목해야한다. 또한 국민당과 사회노동당은 부분적으로 중도정당인 시민당의 소멸로 인해 다시 60% 이상의 득표율을 얻을 수 있었다. 이는 정치적 분열이 더욱 심한 타 유럽 국가들과는 달리 스페인 정치의 파편성은 여전히 관찰되지만 과거처럼 양대 정당이 점점 더 지배력을 키우는 정당 체제로의 점진적인 복귀를 예측해볼 수도 있다.

<그림 3-11> 2023년 총선 결과 정당별 의석수

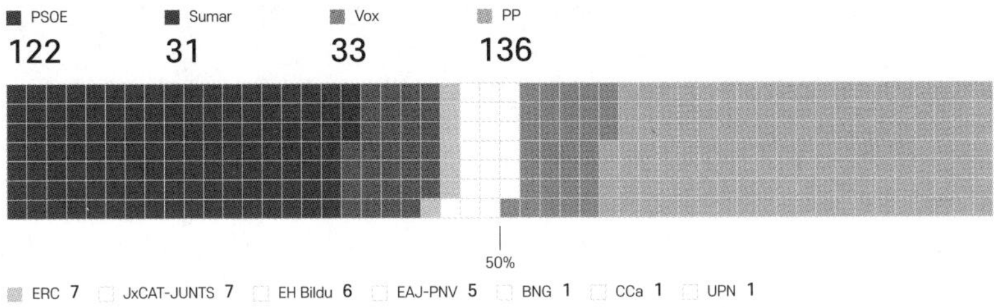

출처 : 스페인 정부

<그림 3-12> 2023년 총선 결과 지역별 우세 정당

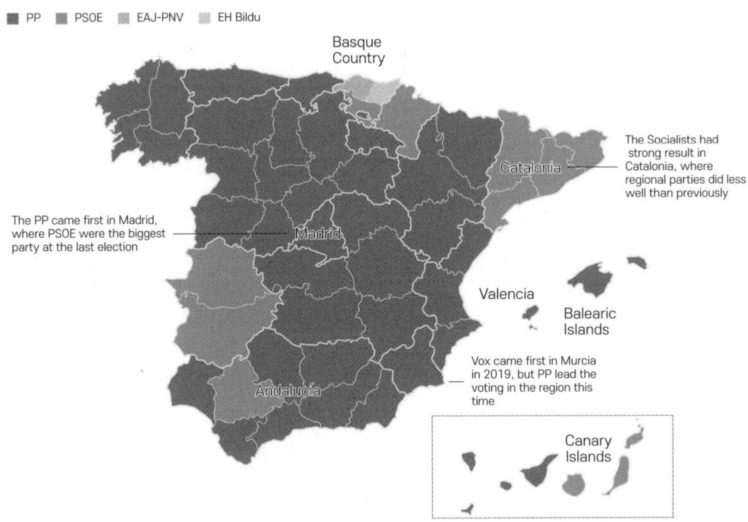

출처 : 스페인 정부, The Guardian

4.3. 스페인 포퓰리스트적 혐오 담론

최근에서야 스페인 포퓰리스트 정치인들의 스타일과 전략, 언어에 대한 체계적인 연구가 등장했다. 일부 연구들은 전문적 커뮤니케이션 전략 사례로 이글레시아스를 비롯한 포데모스 지도자들의 연설과 행동들을 분석한다(Carlin 2015). 이글레시아스와 그의 동료들은 네 가지 사안에 집중한다(Sanders 2014). 네 가지 사안이란 첫째, 스페인 주류 정치의 부패다. 특히 정부와 기업 간의 회전문 인사를 비판하고 불황기에 지속된 양대 정당의 전면적 부패 스캔들을 강하게 비난했다. 둘째, 집권 여당을 포함한 지배계급을 '카스타'로 구별하고, 그 대칭점에 있는 자신과 대중들을 '인민'으로 구분했다. 또한 이를 국가가 아닌 사익을 추구하는 사리 사욕적인 정치인 및 기업 엘리트들과 대비시킨다. 셋째, '5월 15일 운동'의 모토인 '그들은 우리를 대변하지 않는다(No nos representan)'라는 슬로건을 내세우며 대표성의 신화를 비판한다. 그리고 이를 대체할 새로운 참여 정치와 직접 민주주의의 지향을 내세운다. 포데모스의 선거 전략가인 이니고 에레혼(Ínigo Errejón)은 당의 정치적 소통 전략을 다음과 같이 요약했다.

> "포데모스 선거운동은 한 가지 또는 다른 방향의 새로운 대안을 제시하기 위한 정치적 투쟁의 과정이라고 가정했다. 이러한 정치 담론은 좌우 분열을 넘어서 불만을 품은 사회 다수를 분노하게 했다. 기존 정권이 안정을 보장하면서 수립한 것은 분열이다. 따라서 포데모스는 "민주주의 vs 과두제", "시민권 vs 카스타(지배계급)" 그리고 "낡은 것 vs 새로운 것"에 관한 이분법을 제공함으로써 엘리트에 저항하는 반대편에 인민을 위치시키기 위해 그들을 위한 새로운 정체성을 제안하고 새로운 경계를 세웠다."(Errejón 2014)

정치 카스타 개념을 유포하는 데 있어 이글레시아스의 미디어 운동은 가장 중요한 역할을 수행했다. 이글레시아스는 2010년부터 케이블 방송에서 TV쇼를 진행했고, 2013년 1월부터 독립미디어 활동도 시작했다. 그의 미디어 활동으로 정치 카스타 개념은 대중적 개념이 된다. 동영상을 통해 그는 인민 내부의 적은 카스타이고, 외부의 적은 유럽연합의 리더와 관료들이라고 말해왔다. 토크쇼를 통해 적을 대상화하면서 이질적인 다수를 하나의 '인민'이라는 이름으로 통합하는 효과를 얻어냈다. 또한 미디어 활동을 통해 인지도를 쌓고 보수적인 TV 토크쇼에 출현해 국민당 측 인사와 설전을 벌이는 등 대중적 인지도를 확보해나갔다. 이 과정에서 카스타라는 용어는 신진 정치세력이 구체제를 바라보는 대중의 언어가 되어갔다.

포데모스는 2014년 유럽의회 선거 과정에서 보여준 대중과의 소통 전략으로써 반엘리트적 담론과 이미지를 활용해 국민에게 호소하고 자신을 기존 정당과 차별화했다. 일례로 선거 캠페인 동영상 속의 이글레시아스는 일과 후 공동 세탁소를 이용하고, 세금 신고서를 작성하며, 버스를 타는 평범한 시민이다. 이런 모습은 서민의 일상과는 거리가 먼, 관용차를 타는 두 주류 경쟁 후보의 이미지와 극명히 대비됐다. 넥타이를 매지 않는 그의 평상복 스타일과 말총머리를 한 모습은 기존 정치인들의 외관과 달랐다. 포데모스의 선거 캠페인 역시 국민당이나 사회노동당이 선택한 고급 컨셉과는 달리 주립학교나 도로 같은 평범한 장소에서 열렸다.

한편 스페인 정치에서 정치 마케팅의 효과와 정치 코뮤니케이션 전략을 조사한 일부 연구들은 스페인 포퓰리즘 정치의 소통 전략을 규범적인 이유로 비판하기도 한다(Laguna 2013, 11-20). 특히 언론과 여론 조사를 토대로 한 정치의 시장화가 오히려 포퓰리즘을 선동하고, 민주적 원칙과 가치에 해로울 수 있다고 주장한다. 페냐와 오르티즈(Peña and Ortiz)는 스페인 선거운동에서 권력과 미덕이 '국민'과 함께 한다는 정치 슬로건을 사용할 때, 이를 포퓰리즘으로 구분할 수 있다고 본다. 특정 커뮤니케이션 형식의 지배력이 커지고 있으며, 정치인들이 시청자들과 텔레비전 언어에 친화적인 방식으로 소통할 수 있도록 노력하고 있다고 분석한다(Peña and Ortiz 2011).

1990년대 이후 스페인 언론은 금융위기가 가져온 미디어 시장의 극적인 변화에 적응해왔다. 이러한 혁신 중에서 시청률을 보장하기 위해 콘텐츠 대중화를 추진한 것은 가장 주목할 만하다. 유럽의 다른 나라들과 비교했을 때 스페인은 신문 구독률이 낮다. 그럼에도 불구하고 주류 신문과 일간지 모두에서 정치 뉴스는 때때로 흥행을 우선적으로 고려하는 쇼 비즈니스적 요건이 우선시됐다. 또한 광범위한 청중에게 정서적으로 호소하려는 경향이 짙어졌다.

팔라오(Palao)는 '5월 15일 운동'과 포데모스의 등장을 주류 방송 포맷과 소셜 미디어(Social Media)의 사용을 결합한 정치 소통의 하이브리드 형태로 묘사했다(Palao and Antonio 2015). 이글레시아스의 경우 라 투에르카(La Tuerka), 포르트 아파체(Fort Apache) 등의 프로그램에서 커뮤니티 케이블 채널 해설자로 먼저 관심을 얻었다. 그리고 그 후 인기 토크쇼의 패널로 활동했다. 이탈리아의 오성운동과 유사한 포데모스의 소셜 미디어 홍보 활동은 대의 민주주의에 대한 불만의 표현이자 직접 민주주의의 지향을 보여주는 것이기도 하다(Rodríguez-Aguilera 2015). 2014년 유럽의회 선거 캠페인 기간 동안 포데모스는 트위터(Twitter)와 페이스북(Facebook) 같은 소셜 미디어를 통해 대중을 효과적으로 참여시켰다. 포데모스의 젊은 지도자들은 소셜 미디어를 적극적으로 활용했다. 이를 통해 그들과 한 세대 이상 차이 나는 기존의 정당 지도자들과 세대 차이를 분명히 보여줬다. 이글레시아스는 2010년에 트위터 계정을 개설했고, 팔로워들과 적극적으로 소통했다. 2014년 유럽의회 선거 당시 그의 팔로워는 50만 명에 달했다(Bollero 2014). 반면 국민당 후보였던 미겔 아리아스 까네떼(Miguel Arias Canete)는 유럽의회 선거 직전에야 트위터 계정을 열어 2만여 명의 팔로워를 대상으로 별다른 소통 없이 당의 공식적인 메시지 전송에만 사용했다. 이는 이글레시아스와 비교된다. 페이스북과 유튜브를 통한 포데모스의 활동은 존재감과 콘텐츠 면에서 다른 경쟁자들을 앞질렀다. 2014년 8월까지 국민당과 사회노동당의 페이스북 "좋아요" 수는 약 20만 개에 불과했지만, 포데모스는 70만이 넘었다. 유튜브 동영상 구독자 수에서도 포데모스가 3만 명 이상인 것과 비교해 사회노동당은 1만 명 미만, 국민당은 5,000명에도 채 미치지 못했다(Bollero 2014). 이처럼 포데모스가 성공한 배경에는 포퓰리스트적 담론도 중요했지만 소셜 미디어를 통해 적극적으로 소통했던 점도, 과거에는 투표장에 나가지 않았던 스페인 유권자들을 성공적으로 동원할 수 있었던 중요한 요인이었다.

에르난데스 카(Hernández-Carr)의 연구가 밝히고 있는 것처럼, 젊은이들 사이에서 전통적인 정당 일체감은 상당히 약화되어 가고 있다. 이로 인해 젊은 유권자들이 포퓰리즘 정당에 투표할 가능성은 높아지고 있다(Hernández-Carr 2013).

4.4. 스페인 민주주의와 포퓰리즘의 전망

스페인의 정당 체제는 민주화 직후 1970년대 후반과 1989년에 다당제 형태를 띠었다. 1986년에는 일당 지배체제를 보였을 뿐 2015년 이전까지 파편화된 양당제를 유지해왔다. 하지만 2015/16년 총선에서 제3당과 4당이 뚜렷하게 부상하며 다당제 경향을 보여줬다. 이러한 경향은 2015년 이후 최근에도 크게 변하지 않았다. 포데모스와 시민당 그리고 복스를 제외한 다른 군소정당들의 득표율은 거의 변하지 않아 다당제적 현상이 지속되고 있다. 또한 정치 및 정당 혐오증이 스페인의 특수성과 결합해 정당 체제 전환에 크게 기여하고 있다. 스페인 정치 및 정당 혐오증의 특징은 정부 정책 실패에 대한 비판이 강하게 작용해 주로 집권당의 지지율 하락을 가져왔다는 점이다. 이 비판적 투표가 거듭되면서 2000년대 후반에는 양대 정당 전체에 대한 실망으로 이어져 대중적 저항 운동이 생겨났고, 이를 토대로 새로운 급진 정당들이 부상한 것이다. 이러한 상황에서 지역주의 정당을 비롯한 다른 군소정당들은 특히 2015년 및 2016년 총선에서 양대 정당들과 연합하는 것이 유리하지 않다고 판단했다. 그 결과 신생 및 군소정당들끼리만 연합하는 특징을 보였다. 하지만 2019년 4월과 11월의 선거에서 또 다른 특징을 관찰할 수 있다. 4월 조기 총선에서 승리한 사회노동당의 연립정부 구성 실패로 11월 재총선이 실시됐다. 사회노동당은 11월 총선에서 하원 350석 중 120석을 획득하여 승리했다. 여전히 의석 과반수 확보는 어려웠지만, 포데모스와의 연립정부 구성에는 성공했다. 이는 스페인 역사상 최초로 좌파 진영을 중심으로 한 연립정부가 구성됐다는 것을 의미한다. 한편 국민당은 11월 총선에서 4월 선거 대비 22석이 증가한 총 88석을 확보했다. 극우파 복스도 지난 의석보다 28석이 늘어난 총 52석을 차지해 제3당으로 부상했다. 중도 우파인 시민당이나 급진좌파인 포데모스를 지지하던 유권자들이 실망해 국민당과 복스로 지지를 선회한 것으로 평가받는다. 반면 포데모스와 시민당은 4월 선거 대비 각각 7석과 14석이 축소된 35석과 10석을 확보하는 데 그쳤다. 좌파 진영의 사회노동당과 포데모스 양당은 스페인 최초의 연정을 출범시키고, 이에 더해 카탈로니아공화좌파(ERC), 바스크정치연합(EH Bildu) 등 좌파성향의 분리주의 지역정당들과의 연대를 이루었다. 이처럼 2014년 창당한 포데모스 연합의 부상으로 좌파 진영 내 세력분화가 이루어졌다. 또한 중도 우파 성향의 시민당이 2015년과 2019년 선거에서 세를 확장하였고, 2019년 총선에서는 극우 복스가 첫 원내진출에 성공함으로써 우파 진영도 분화했다. 이로 인해 스페인 정치는 2015년에 이어 다당제적 특성을 유지하게 됐다. 이와 같이 2015년, 2016년, 2019년의 총선에서 다당제 경향이 등장한 것은 정부 정책에 대한 실망과 더불어 정치 및 정당 혐오증과 새로운 연합 정치라는 복합적 요인의 결과라고 할 수 있다.

한편 정치인들과 정당들에 대한 대중의 환멸 및 불신과 함께 포데모스와 복스라는 급진 정치세력의 등장은 정치적 포퓰리즘 현상을 스페인의 공공 의제로 올려놓았다. 포데모스는 대중기반 사회운동이 정당정치로 전환한 결과다. 포데모스는 대중시위에서 사회운동이 출현하고, 사회운동이 다시 정당의 형태를 띠게 된 것이다. 그 후 지방선거를 거치면서 포데모스는 사회운동 정당에서 포괄정당으로 진화해 갔다. 포데모스 운동은 2011년 이후 약 5년간 대중시위, 사회운동, 사회운동 정당, 포괄정당의 네 단계 진화를 거쳐왔다. 포데모스는 제도 정당이며, 특유의 포퓰리즘적 동원을 통해 1978년 체제와 정치 카스트를 아래로부터 깨뜨리고 진정한 민주주의를 수립하겠다는 목적을 강조했다.

남은 문제는 포데모스가 추구하는 개혁의 성격과 목표에 관한 것이다. 즉 포괄정당으로의 전환 과정에서 맞닥뜨리게 되는 딜레마에 대한 해결이 필요하다. 또한 선거 연합을 통한 기존 정당과의 연합 정치가 반복되고, 2019년 이후 사회노동당과의 연립정부 참여로 중앙정치의 제도권 내에 안착하게 될 경우 새로운 정치를 대변하고자 하는 포데모스에게는 부담이 될 수 있다. 이는 다시 스페인에서 극우 포퓰리즘 정당인 복스의 출현과 같은 또 다른 파편화의 가능성을 노정하게 한다.

상기했듯이, 2018년까지 스페인에서 포퓰리스트 극우 정당의 출현은 제한적이었다. 하지만 최근 복스의 성장은 스페인 정치체계의 변화가 여전히 진행 중임을 보여준다. 현재 스페인에서는 좌파와 우파 포퓰리즘 정치가 함께 목도되며, 이는 스페인 정당체계의 파편성을 대변한다. 이 장에서는 민주화 이후 스페인의 정치 지형이 파편화된 양당제적 특성을 보이다가 2015년 이후 다당제적 경향으로 회귀하고 있음을 검토했다. 또한 스페인에서 포퓰리스트 극우 정당의 출현에 있어 영토적 동원이 큰 영향을 주었음을 설명했다. 실제로 중앙-지방 균열에 있어 좌우 포퓰리스트 양 정당의 시각이 가장 큰 차별화 요인이었음을 확인하였다. 스페인의 극우 포퓰리즘은 반지역적이고 반지방적인 구호로 지지를 동원했고, 이는 스페인 지역별 지지도 분포를 통해 확인 가능했다. 반면에 좌파 포퓰리즘은 지방자치와 독립을 지지하는 지역들에서 큰 지지를 받았다. 극우 정당의 출현 요인으로 대부분의 연구들이 영토적 영역을 다루지 않아 왔다는 점에서 스페인 사례는 차별성을 갖는다. 나아가 이 장을 통해 기존 정당들의 이념적 위치가 새로운 경쟁자들이 진입할 수 있는 정치적 공간을 내어주거나 혹은 막는 역할을 한다는 정치 제도적 요인과 이민에 대한 유권자의 태도 변화가 스페인의 포퓰리스트 극우 정당 출현의 기회 요인임을 확인했다. 거대정당 간의 이념적 수렴은 극우 정당이 진입할 수 있는 공간을 제공해주었다. 시민들은 주류 정당 간 경쟁에 따른 정치 이념의 중도적 수렴으로 정치적 대안의 부족을 느끼고, 이로 인해 극우 정당은 유권자들의 지지를 얻을 수 있다. 주류 우파 정당인 국민당의 지지자들은 중도 우파 정당인 시민당의 출현으로 국민당이 정권유지를 위해 자신들의 이익을 제대로 고려하지 않는다는 생각에 복스로의 지지로 돌아섰다. 결국 복스는 중앙-지방 균열 사이에서 민족주의적 성향을 강하게 표출하는 방식으로 반지역주의와 반이민 및 반엘리트 정서를 동원할 수 있었다. 이처럼 스페인 포퓰리즘 지형은 점차 변화하고 있다. 이제 한동안 주목받았던 좌파 포퓰리스트 포데모스와 더불어 우파 포퓰리스트 복스의 득세는 또 다른 현상이 되고 있다.

한편 2023년 5월 28일 스페인 지방선거 결과, 국민당이 큰 승리를 거두었고 17개 광역자치구 중 관할 지역구를 5개에서 11개로 대폭 늘렸다. 반면 집권당인 사회노동당의 지역구는 9개에서 2개로 축소됐다. 이로 인해 산체스 총리는 12월로 예정되어있던 총선 시기를 7월로 앞당겨 실시하였고 그 결과 국민당 136석 사회노동당 122석, 복스 33석과 좌파 정당연합인 수마르가 31석을 각각 얻었고 그 외 지역 정당들이 28석을 얻었다. 이 선거로 인해 국민당의 압승과 더불어 복스는 지역 의회 의석을 두 배 이상 늘려 스페인 3위 정당으로 부상하는 등 가파른 성장세가 이어졌다. 2023년 두 번의 선거결과는 스페인 사회가 이념적으로 첨예하게 대립하고 있음을 방증한다. 오랜 기간 유지되어 온 국민당과 사회노동당의 양당 체제가 경제위기를 겪으며 2010년 이후 다당 체제로 전환되었고 이후 어떠한 정당도 선거에서 압도적인 승리를 거두지 못하고 있다. 7월 총선에서도 국민당이 승리를 거두었지만 복스와의 연합을 통해서도 176석에서 6석이 부족해 과반 달성은 어렵게 되었다. 2023년 5월 지방 선거와는 달리 총선에서 국민당이 압승하지 못한 이유와 2019년 11월 총선에서보다 19석이 줄어든 복스의 득표 결과를 두고 스페인에서 여전히 극우 포퓰리스트 정치로의 회귀에 대한 국민들의 우려가 있다는 점을 확인할 수 있다. 스페인 유권자들이 근본적으로 온건함을 유지하고 있으며 극단주의 정당에 대한 지지가 점차 축소되고 있다는 점도 주목해야 한다. 또한 국민당과 사회노동당은 부분적으로 중도정당인 시민당의 소멸로 인해 다시 60% 이상의 득표율을 얻을 수 있었다. 이는 정치적 분열이 더욱 심한 타 유럽 국가들과는 달리 스페인 정치의 파편성은 여전히 관찰되지만 과거처럼 양대 정당이 점점 더 지배력을 키우는 정당 체제로의 점진적인 복귀를 예측해볼 수도 있다. 하지만 파편화된 구심성이라는 이념 균열과 다양한 지역주의 정당들에 의한 지역주의 균열이라는 구조적 요인이 지속되는 상태이다. 따라서 향후 스페인 정치 지형이 다당제로 고착될지 혹은 양당제로 회귀할 지에 관해서는 보다 면밀한 고찰이 필요하다.

유럽의 포퓰리즘이 한국에 주는 함의

5 헝가리의 포퓰리즘

5. 헝가리의 포퓰리즘

동유럽에서 포퓰리즘과 민족주의의 결합은 장기간 지속되어왔다. 동유럽의 포퓰리즘 정치는 무력한 다수 집단인 국민과 힘있는 소수 집단인 엘리트를 끊임없이 대비시키는 형태로 포퓰리즘의 전형적인 특징을 보여준다(김지영 2022, 118). 동유럽의 민족주의 우익 정당 중 대중의 인기를 얻은 정당들에는 헝가리의 피데스(fidesz)와 폴란드의 법과 정의당이 있다. 두 정당 모두 우익 포퓰리즘 정당으로 민족주의와 깊이 연관된다. 특히 헝가리의 피데스는 민족주의적 담론을 정치적으로 사용해 국가 내부와 외부에 걸쳐 정치적 적대세력을 형성하는(김지영 2022, 117; Brubaker 2017, 1) 등 포퓰리즘적 동원 방식을 이용해 대중적 지지를 얻고 있다. 동유럽의 포퓰리즘이 민족주의적인 성향을 보이는 이유는 이곳에서의 포퓰리즘과 민족주의가 분열되고 전개된 양상이 매우 흡사하며 상호 의존적인 경향성을 가지기 때문이다.

1989년 공산체제의 붕괴 이후 동유럽 국가는 30여 년간 민주주의와 자본주의 체제를 정착시키기 위해 노력해왔다. 이 과정에서 동유럽 국가들의 엘리트들은 EU 가입을 통해 국내 정치를 제도화하고 안정화시키고자 하였다. 그리고 2004년, 동유럽 국가의 첫 번째 유럽연합 가입이 이루어졌다. 이는 서유럽국가의 민주주의가 동유럽 신규 가입국들의 모델이 될 수 있으며 동시에 동유럽 국가의 민주주의가 심화될 것이라는 기대를 불어넣게 했다.

그러나 이러한 낙관적 전망이 무색하게 30여년이 지난 오늘날 동유럽은 기대와는 전혀 다른 모습이 나타나고 있다. 현재 일부 동유럽 국가들은 '민주주의'라는 EU의 가치와 대치되는 모습을 보여주고 있다. 정책 결정의 과정에서 비민주주의적 요소가 지속적으로 나타나고 있으며 많은 동유럽 국가들이 매우 불안정한 정치 환경에 직면해 있다. 적지 않은 동유럽 국가들이 언론의 자유, 시민사회, 사법부 독립 등 민주적 요소의 침해와 함께 자유민주주의의 후퇴를 겪고 있으며 "비자유적 민주주의"가 사회 전반에 커다란 영향을 끼치고 있는 상황이다. 특히 근래 헝가리는 민주주의 가치 분야에서 EU와의 충돌이 커지고 있다. 2010년 이래로 실시된 4회의 총선(2010, 2014, 2018, 2022)에서 피데스는 계속 과반수 의석을 차지했다.[1]

그는 의회 절대다수의 우위를 활용하여 법 개정을 통해 입법부, 사법부의 수평적 견제 기능을 무력화하고 그들을 행정부에 종속시켜 행정부 독주체제를 수립하였다(장훈 2021, 16-20). 오르반은 2014년 스스로 헝가리를 '비자유 민주주의(illiberal democracy)' 국가로 공식적으로 규정하였고 이로 인해 EU의 민주주의 가치를 훼손하며 EU와 충돌하였다. 이에 대해 유럽의회는 2022년 결의문을 통해 헝가리를 민주국가가 아닌 '선거 권위주의 국가(electoral autocracy)'로 규정하였다(Euronews). 이밖에 러시아 및 중국과의 관계 그리고 러시아의 우크라이나 침공, 난민정책 등 다양한 이슈영역에서도 헝가리와 EU의 대립이 심해지고 있는 양상이다. 그리고 동시에 동유럽에서는 "우파 포퓰리즘"이 약진하고 있는 것을 확인할 수 있다. 앞선 장에

1 2010년 263석(총 386석), 2014년 133석(총 199석), 2018년 133석(총 199석), 2022년 135석(총 199석). 헝가리 국가선거사무실(NVI) 웹사이트 참조. https://www.valasztas.hu/home

서 언급했듯이 포퓰리즘은 대중(people)과 엘리트(elite)를 대립관계로 놓고 대중과의 직접 정치를 강조하는 정치 이념이나 행위 또는 정치과정을 뜻한다(김성진 2015).

"포퓰리즘"을 명확하게 이론화하기엔 어려운 요소들이 많다. 이 용어 내에는 비민주적 요소뿐만 아니라 해석에 따라 민주적 요소가 함께 내포되어 있기 때문이다. 한 구성원이 공동체 다수의 목소리를 인민의 이름으로 대변한다는 점에서 포퓰리즘은 이념의 지향 상 민주주의와 공통된 결을 갖는 것으로 평가할 수도 있다. 그러나 포퓰리즘이 동유럽에서 실제로 발현되고 있는 사례를 경험적으로 살펴보면 자유주의를 배제하며 민주주의를 위협하고 있는 측면이 더욱 부각되고 있다. 동유럽의 포퓰리즘은 대중들의 단기적 이익 추구, 국수주의, 증오의 정치 조장과 같은 양상으로 나타나며 인기 영합주의에 가까운 특징을 보여주고 있기 때문이다.

동유럽의 포퓰리즘은 동유럽의 국내 정치과정뿐만 아니라 EU의 정치과정에서도 극우의 영향력을 확대해가고 있다. 다시 말해, 국내 정치뿐만 아니라 유럽 연합의 통합 과정에서도 지속적인 장애물로서 기능하고 있다. 특히 헝가리 피데쓰의 오르반(Orban Viktor) 정권은 2010년 재집권에 성공한 이후 포퓰리즘적 정치를 전개하며 EU와 지속적으로 충돌하고 있다. 유럽의 다른 우파 정권들이 오르반 정권을 준거로 삼고 있을 만큼, 헝가리의 오르반 정권은 오랜 기간 집권하며 동유럽 포퓰리즘의 선두 주자로 존재하고 있다.

본 장에서는 민주주의의 후퇴가 극적으로 드러나고 있는 헝가리를 중심으로 포퓰리즘의 원인과 배경에 대해 살펴보고 동유럽의 극우 포퓰리즘이 구체적으로 민주주의에 어떠한 영향을 끼치고 있는지에 대해 경험적으로 분석하고자 한다. 동시에 국내 과정뿐만 아니라 궁극적으로 동유럽의 극우 포퓰리즘이 유럽 통합의 저해 요인으로 작용하고 있음을 확인하고, 맺음말에서는 극복 방안에 대해 제언하고자 한다.

5.1. 헝가리의 포퓰리즘 배경

1) 포퓰리즘의 이론화와 유럽의 포퓰리즘

20세기 말부터 본격적으로 떠오른 포퓰리즘이라는 정치적 변동은 현재 전 세계 정치의 기본 지형이 됐다. 즉, 포퓰리즘은 더 이상 특정 지역에서만 나타나는 일시적, 예외적인 병리 현상이 아니라 현대 정치의 일반적인 현상이자 특성이 된 것이다. 오늘날 포퓰리즘은 극우적 성향뿐만 아니라 좌파적인 성향이 나타나기도 하며, 보수 및 반동적 지향부터 개혁과 혁명의 지향까지 거의 모든 정치 스펙트럼에서 발견될 수 있다. 우리는 포퓰리즘의 국면에서 살아가고 있다고 해도 과언이 아니다.

이러한 가운데 최근에는 포퓰리즘을 "병리적 현상"이라는 부정적인 관점에서 벗어나 정치의 보편적 조건이나 민주주의의 필수 요소라는 차원에서 재조명하며 포퓰리즘과 민주주의가 갖는 내적 관계를 정교하게 이론화하고자 하는 움직임도 활발하게 나타나고 있다(진태원 2013). 이와 같이 포퓰리즘을 이데올로기로 개념화하는 것은 오랫동안 포퓰리즘 현상에 대한 지배적인 사유방식이 되어왔다. 특히 가장 자주 다뤄져 온 것은 캐노번과 뮈데(Margaret Canovan and Cas Mudde)에서 비롯된 "약한 이데올로기"로서의 포퓰리즘이다.

그러나 포퓰리즘은 이데올로기로서 가지고 있어야 할 "모두가 공통으로 인정하는 역사, 정책, 사회적 기반"이 존재하지 않는다. 포퓰리즘은 그 역사나 배경, 그리고 특징적인 면에서 매우 다양하기 때문에 모두가 동의를 얻어낼 수 있는 통일된 정의를 내리기 어렵다. 이러한 상황에서 포퓰리즘을 보편적인 이데올로기로 분류하게 되면 문제가 발생한다. 포퓰리즘의 "본질주의적"인 설명만으로는 현상을 객관적으로 분석하기 어렵기 때문이다. 또한 이분법적인 틀에 갇혀서 포퓰리즘의 정도를 분석하기 어렵게 한다는 점은, 포퓰리즘을 "약한 이데올로기"로 개념화하는 것의 오류를 보여주고 있다.

결국 환경에 따라 다르게 나타나는 포퓰리즘의 현상에 적용될 수 있는 최소한의 공통분모를 찾는 것은 매우 어렵다. 그러나 포퓰리즘의 개념화는 어려울 수 있어도 "특정 시공간을 한정하여 전반적 트렌드"를 추적하는 것은 큰 의미가 있다. 유럽이라는 한정된 공간 속에서, 특히 대조적인 역사를 가진 서유럽과 동유럽으로 한정하여 분석해보면 유럽 포퓰리즘의 특성을 확인해 볼 수 있다.

서유럽은 제2차 세계 대전 이후 재건 과정에서 민주주의가 매우 안정적으로 정착됐다. 그러나 1960년대 말부터 과격한 이념, 그리고 사회갈등이 점점 증폭됐다. 1967년을 기준으로 서유럽의 포퓰리즘을 들여다보면 서유럽의 포퓰리즘은 "외국인 혐오"나 "인종주의"를 바탕으로 반 엘리트주의를 포괄하고 있다. 그러나 서유럽의 포퓰리즘은 정당 체계에 불안한 요소로 작용함에도 불구하고 "정치과정에서 민주주의를 위협하는 요소"로 작용하고 있지는 않는 것으로 분석된다. 정착된 민주주의 역사를 바탕으로 아직 서유럽에는 포퓰리즘의 정치활동을 견제할 수 있는 제도와 장치가 계속해서 작동하고 있기 때문이다.

반면 동유럽은 서유럽과 다르게 제2차 세계대전 이후 구소련을 중심으로 한 공산체제 안에 편입되어 있었다. 공산주의와 공산당 독재를 통한 민족주의가 오랫동안 수면 아래 잠재되어 있었다. 이로 인해 1989년 체제 전환과 동시에 동유럽에서 자유민주주의 및 시장 경제가 도입됐음에도 불구하고 여전히 심한 민족주의 감정 및 이념이 부각되고 있다. 억눌려 있던 과격한 이념이 포퓰리즘 정권과 함께 표출되기 시작한 것이다.

동유럽의 포퓰리즘이 서유럽과 가장 다른 중요한 점은 "민주주의 정치 과정에 실질적 위협이 되는가에 대한 여부"이다. 동유럽 국가의 포퓰리즘은 서유럽과 달리 민주주의 체제의 위협 수준이 높고 자민족 중심주의(Ethnocentrism) 성향이 강하다(김성진 2015, 160-161). 동유럽의 포퓰리즘 정당들은 유럽회의주의를 표출하는 과정에서 대부분 국민국가, 민족의 '자아'와 EU 공동체, 이민자 등 '타자' 사이의 명확한 구분을 역설한다. 동유럽 포퓰리즘은 자유선거를 통한 정권 선출에 부정하고 있지는 않으며, 선거를 정권 획득의 중요 수단으로 생각하고 있다. 하지만 실질적인 정치 과정에 있어서는 자유주의적 요소의 결여가 나타나고 있고 절차적 민주주의의 원칙을 지키지 않는 형태로 나타난다. 이는 장기적으로 보았을 때 민주주의의 기반마저 손상시킬 수 있는 경고로 볼 수 있다(김성진 2015, 161).

따라서 자유주의적 해결방법을 도외시하는 동유럽의 포퓰리즘이 "민주주의"에 실질적으로 어떠한 영향을 끼치는지 헝가리의 경험적 사례를 통해 분석하는 것은 의미 있다. 이질적인 환경 하에서 뿌리와 증상이 다양한 '포퓰리즘'이기 때문에 동유럽에서 포퓰리즘이 부상한 원인을 파악하고 그 현황에 대해 살펴보고자 한다. 또한, 국내 과정뿐만 아니라 헝가리의 포퓰리즘이 궁극적으로 "민주주의"의 가치를 내세우고 있는 EU에 미치고 있는 영향에 대해서도 함께 살펴볼 것이다.

2) 헝가리의 극우 포퓰리즘 배경

(1) 경제적 환경

동유럽 국가는 서유럽 국가와 다르게 "사회 민주주의"를 경험하지 않고 바로 신자유주의를 수용했다. 즉, 이 과정에서 평등 및 공동체의 가치를 받아들일 기회는 없었으며, 오히려 서유럽보다 가난하다는 인식이 하나의 콤플렉스로 작용했다. 이 콤플렉스는 더더욱 동유럽 내의 "국가주의"가 발현되기 쉽도록 하는 계기로 작용하게 된다.

특히 2008년 발생한 외환 위기는 헝가리에 포퓰리즘을 확산시키는 결정적인 배경이 됐다. 앞서 1989년, 베를린 장벽과 공산주의가 붕괴된 후 헝가리와 폴란드를 비롯한 동유럽 국가는 언론의 자유화, 민주적 의회 체제, 시민 참여 확대 등 민주주의를 받아들이기 위해 노력했다. 그러나 2008년 세계 금융위기 이후 헝가리는 엄청난 경제난과 실업에 마주하게 되었고, 정부에 대한 신뢰는 붕괴됐다. 경제 위기가 지속되면서 국민은 극심한 고통을 받았다. 대중들은 정부가 이러한 사태에 적절히 대응하지 못하고 있으며, 특정 이익만을 추구한다고 비판했다. 이처럼 경제위기 극복을 위한 정부의 정책 성과에 대한 평가가 정치에 대한 국민의 신뢰에 크게 영향을 줬다.

이때를 기회 삼아 포퓰리스트들은 정치 엘리트를 주적으로 설정하고, "IMF에 대한 반감"과 "민족주의"를 표방하는 정치 세력을 지지하도록 하는 환경을 조성했다. IMF가 헝가리에 요구한 긴축 경제 정책에 대해 민족주의를 표방하는 세력들은 헝가리 상황을 "채무라는 올가미에 목이 졸려 천천히 죽어가고 있다."라고 표현하거나, 더 극단적으로는 "유럽 연합과 IMF의 신식민주의는 마치 제1차 세계대전 이후 헝가리를 찢어 놓은 트리아농조약과 마찬가지다"라고 주장하기 시작했다(한미애 2019). 이처럼 대중과 엘리트의 이분법적 논리는 헝가리의 포퓰리스트들에 의해 지속적으로 재생산되고 있다. 포퓰리즘은 '부패한 정치 엘리트'와 '순수한 인민' 사이의 적대관계와 인민주권을 강조하며, 일반적으로 포퓰리스트 정당이 스스로 풀뿌리정치를 대변하고 카르텔화된 기성정당에 도전한다는 양상으로 표현된다. 그러나 헝가리의 경우 포퓰리즘 정당인 피데스 자체가 벌써 카르텔화된 새로운 '엘리트'가 되어, 민중의 지지를 확보하기 위해 새로운 상대를 모색해야 하는 상황에서 결국은 국내 기성 엘리트(특히 친유럽주의자들)와 '브뤼셀의 관료들'은 서로 결탁하고 있는 국제 엘리트 집단으로 상정하고 있는 것이다.

이것은 2010년 헝가리의 오르반 포퓰리즘 정부가 권력을 잡게 되는 기반이 됐다. 2002년 집권하여 2006년에 재집권에 성공하면서 체제 전환 이후 최초로 재집권에 성공한 헝가리 사회당 정부였지만, 2008년 IMF 사태를 초래한 이후 급격한 지지율 하락으로 이어졌다. 동시에 "민족주의"와 "반외세"를 외쳤던 피데쓰의 오르반이 지지를 얻으며 집권이 시작됐다. 즉, 신자유주의라는 국제질서 하에서 각국의 경제 상황이 악화되고, 여기에 실업과 복지 문제가 얽히면서 대중들은 "난민 유입과 이민자들 때문에 불이익을 받고 있다"고 생각해 이들 관련 정부정책에 반감을 표출하면서 포퓰리즘이 확산된 것이다(주미영 2021).

(2) 민족주의 정치 문화

정치문화란 정치적 사고방식이나 행동 양식을 규정하는 정치적 행동 양식을 의미한다. 국가 내의 개인, 국가가 처한 지정학적 환경 그리고 역사, 제도 간의 상호작용 속에서 정치문화가 형성된다. 안정적인 민주주의 국가를 살펴보면 해당 국가는 오랫동안 민주주의에 대한 역사, 전통, 관행을 소유하며 "민주주의적 정치문화"가 굳건히 형성되어 있는 것을 확인할 수 있다. 이 경우, 단기간에 일어나는 정치적, 경제적 사건만으로 민주주의가 쉽게 흔들리지 않을 것이다. 반면, 민주주의 역사가 길지 않은 동유럽 국가의 경우, 특정한 경제적, 정치적 사건만으로도 민주주의에 타격을 입기 쉽다. 민주주의 체제를 수용하였음에도 불구하고 공산체제 붕괴 이전 소유하고 있었던 강한 민족주의적 문화는 언제든 다시 발현될 수 있는 잠재력을 갖고 있기 때문이다. 실제 헝가리의 정치문화는 민주주의 체제 도입에도 불구하고 여전히 인종적 민족주의 경향이 상당히 강하다는 것이 드러났다(김성진 2020).

수면 아래에 있던 이 인종적 민족주의 문화는 집권 정당을 통해 표출되거나 특정 정당이 국민의 수요에 따라 적극적으로 활용하면서 현재 헝가리는 비민주주의적 정치 체제로 변화하고 있다. 또한 동유럽 국가는 과거 공산체제의 경험을 바탕으로 현 정당과 체제에 대한 평가를 내리는 경우가 많다. 이러한 경우 대중들은 더욱 선동적이고 자극적인 정책을 앞세우는 정당에게 끌리게 될 가능성이 높으며 이는 극우 포퓰리즘의 확산 원인이 되고 있다. 다시 말해 동유럽에서 인종주의 문화는 여전히 대중적 영향력을 발휘하고 있으며, 이와 포퓰리즘이 결합하여 해당 정치문화가 투표에도 적극 반영되고 있다.

5.2. 헝가리의 포퓰리즘과 민주주의

1) 헝가리 오르반 정권의 포퓰리즘 정치

(1) 언론 탄압

오르반 정권은 언론을 철저히 장악했다. 정부에 비판을 가하고 감시할 수 있는 언론이 사라지며 언론기능 자체는 소멸됐다. 정부의 언론 장악은 곧 합리적인 정치토론이나 정부에 대해 반대 의견을 표출할 수 없다는 것을 의미했다. 오르반과 그의 당 피데스(Fidesz)는 2010년 압도적 다수의 표를 획득하며 재집권에 성공하자 그 해 7월,

미디어위원회를 설립하는 법안을 먼저 제정한다. 설립된 미디어위원회는 종이 매체뿐만 아니라 인터넷 미디어까지 영향을 미칠 수 있는 권한을 소유하고 있었으며 관련된 사람은 모두 친정권 인사들로 구성했다. 위 법의 제정을 통해 헝가리 오르반 정권은 원하는 정보가 있을 시 언제나 언론에 그것을 요구할 수 있게 됐다. 이는 오르반이 언론 장악하기 위한 첫걸음이었다. 그리고 당 해 12월, 오르반 정권은 '미디어법'을 의회에서 통과시켰다. 이 미디어법을 통해 그는 자의적인 판단으로 언제나 특정 언론에 "벌금 부과"를 할 수 있게 됐다. 이 법안은 정부에 비판적인 미디어와 언론인을 철저히 통제하고자 하는 장치로서 작용했다. 정부에 비판적인 언론은 경영난으로 몰아붙였으며, 비판적인 언론인을 대거 퇴출시킴으로써 공영 미디어가 정부에 대한 비판적인 목소리를 낼 수 없게 하는 환경을 조성한 것이다(정채윤, 김면회 2021).

정부의 지원을 받는 관영매체 뿐만 아니라 민영 매체까지 장악하여 오르반 정권은 헝가리의 언론을 "홍보매체"로 전락시켰다. '국경없는 기자회(Reporters without Borders)'의 미디어 자유 지수 순위 발표에 따르면, 헝가리는 2013년 조사 이래 56위에서 2022년 85위까지 지속적인 하향세를 보여주고 있다.[2] 오르반 정부의 치밀하고 주도면밀한 언론 탄압은 냉전 이후 정착되었던 헝가리의 민주주의를 단기간에 권위주의 체제로 후퇴시킨 강력한 장치로 기능했다.

---

2 국경없는기자회, "Hungary", https://rsf.org/en/country/hungary (검색일 2022.12.15.)

(2) 사법부 독립성 훼손

2010년 오르반 정권의 재집권 성공 이후 오르반은 고위 인사를 여당의 인사로 대거 충원했다. 그리고 그 과정에서 기존 판사나 검사의 퇴임 연령을 앞당겨 대거 해임하고 피데쓰에 충직한 판사들을 승진시키거나 임명하는 일도 발생했다. 그 결과 헌법재판소, 검찰, 감사원 등 모든 정부의 부처에 오르반 정권의 영향력을 행사할 수 있게 됐다. 피데쓰 당은 헝가리 민주주의 정착에 있어서 중요한 역할을 수행해 온 헌법재판소의 권한 자체를 축소하였고, 헌법재판소 재판관의 임명에 있어서도 이전의 관행인 타 정당의 협력을 구하는 절차를 밟지 않은 채 일방적으로 친여 인사들을 임명할 수 있도록 법률을 개정했다. 친피데쓰 성향의 판사가 사법부를 쉽게 주도할 수 있는 환경을 조성함으로써 헌법재판소를 무력화시킨 것이다. 권위주의 체제 내에서 "헌법재판소 재판관은 정치 활동이 불가능하다"라고 명시되어 있는 헝가리의 헌법은 무력한 종이 한 장에 불과했다.

실제로 이러한 오르반 정부의 사법개혁은 EU의 강력한 반발을 불러일으켰다. 그의 사법개혁은 곧, 모든 정부 권력이 오르반에게 귀속되는 "독재체제"를 의미했기 때문이다. 민주주의 국가의 필수 요건 중 하나인 사법부의 독립성이 오르반 정권으로 인해 노골적으로 훼손됨으로써 헝가리는 민주주의 체제와는 점점 멀어지고 있었다.

(3) 시민단체 NGO 탄압

오르반 정권은 헝가리 국민들이 목소리와 의견을 표출할 수 있는 창구도 모두 차단했다. 시민단체 및 NGO가 국가 내에서 제 역할을 하지 못하도록 정부 차원에서 통제하고 탄압했다. 특히 헝가리 내 인권 NGO를 비롯한 시민단체들의 약화에는 "소로스"에 대한 공격도 큰 영향을 미쳤다. 오르반 정권의 포퓰리즘은 헝가리 언론 매체를 통해 헝가리 출신의 세계적 투자자이자 인권단체 지원자인 조지 소로스를 "적"으로 지목했다. 피네쓰 당은 소로스와 그의 지원을 받는 시민단체들을 "소로스 제국(Soros Empire)"이라고 규정하고 이들이 구소련과 동유럽 지역에서 합법적 정권을 전복하려고 시도한다고 선전했다(박정원 2018).

이들은 민주주의, 인권, 언론 자유 등을 외치는 NGO들을 외부 첩자로 규정함으로써 NGO를 철저히 통제했다. 국내의 정권 비판적 NGO 활동을 탄압하기 위해 자국의 시민단체를 후원하는 해외지원 세력을 부정적으로 묘사하고 해외의 지원을 완전히 차단하고자 하는 정책은 러시아의 푸틴에게서 시작되었던 정책이다(박정원 2021).

오르반 정권은 푸틴의 이 전략을 헝가리에 성공적으로 적용했다고 볼 수 있다. 나아가 그는 2018년 총선거에서 압승을 거둔 이후에 "스톱 소로스"법을 제정하는 데에까지 성공한다. 이 법을 통해 이민자를 지원하는 개인 혹은 시민단체를 징역형에 처할 수 있는 권한을 획득했고 시민사회에 대한 탄압은 더욱 심해졌다. 오르반은 나아가 친정부 성향의 시민사회를 육성하기 위해서도 지속적으로 노력했다. 이를 위해서 그는 실제로 정부의 지원을 받지만 형식적으로는 독립적인 비정부기구(NGO) 단체를 양산하여 사회 내 일각의 반대 의견을 무마하거나 제압하는 역할을 하게 했다(박정원 2018, 170).

2) 헝가리 오르반 정권의 특징

(1) 적대 정치

헝가리의 포퓰리즘 정권은 자신들만이 민중의 지지를 받고 있는 정부라고 믿고 행동함으로써 다른 경쟁적 정치세력을 억압하고 배제하고 있다. 자신의 정권에 반대하는 세력은 곧 "국가와 민족의 배신자"와 같이 규정하며 지속적으로 편가르기를 시도했다.

오르반 정부는 가상의 적을 계속해서 규정하고 재생산함으로써 내부의 적뿐만 아니라 외부의 적에 대한 "적대 정치"를 실시하고 있다고 볼 수 있을 것이다. 내부의 적에 대한 공격으로, 오르반은 정권에 비판적인 언론과 시민단체를 탄압했으며 나아가 문화 예술 분야에서까지 비판적 지식인들을 통제하고 친정부 성향의 인사를 투입하고 있다. 이 뿐만 아니라 외부의 가상의 적에 대해서는 민족주의 감정을 동원하고 이용하여 정면으로 맞서고 있는 것을 확인할 수 있다. 그는 외부의 적을 "세계주의적 엘리트"로 정의하고 이들이 자국의 주권, 문화 등을 훼손하고 있다고 선동하고 있다. 이로써 국민들이 국외자에 대해 "반감과 분노"라는 집단적 의식을 형성할 수 있도록 하는 것이다. 정치적 토론 및 합의를 추구하기보다, 적대적이거나 극단화를 추구하는 점, 다수결 원칙에 집착하고 제도나 법치보다 정치지도자의 개인적 권위를 우선시하는 경향을 보이는 점에서 오르반 정권 아래에서 민주주의는 퇴행의 길을 걷고 있다고 판단할 수 있다. 그의 포퓰리즘은 엘리트에 대한 대중들의 분노를 정치적 자원으로 이용함으로써 개인의 권력 강화의 도구로 활용하는 것이다. 헝가리 오르반 정권에서 나타나는 포퓰리즘은 다원주의에 대치되는 개념으로서, 민주주의와 대치되고 있다고 평가할 수 있겠다. 오르반은 '적대 정치'를 통해 민중의 불만을 동원하여 인기를 획득하고 권력을 유지하는 데에 치중할 뿐, 그 대가로 민주주의 체제가 붕괴되는 것에 대한 관심은 전혀 기울이지 않고 있다.

(2) 비자유적 민주주의

오르반 정권의 이러한 정치는 비자유적 민주주의(illiberal democracy)로 정당화되고는 한다. 여기서 비자유적 민주주의란, 자유주의적 요소가 배제된 민주주의를 뜻한다. 즉, 선거에서의 다수결 혹은 의결에서의 과반수와 같은 민주주의의 형식적 측면을 충족시키지만 개인의 인권과 자유, 3권분립 등과 같은 자유주의 가치는 결여된 정치체제를 의미하는 것이다. 오르반은 이러한 비자유적 민주주의가 오히려 좋은 통치가 될 수 있다며, 그러한 예로 중국, 러시아, 터키 등이 있다는 발언을 하기도 했다. 그러나 개인의 인권과 자유가 무시되는 민주주의는 집단주의 논리로 귀결될 가능성이 매우 크다는 점에서 상당히 위험한 민주주의이며, 이는 민주주의의 퇴행을 의미한다고 보아야 한다. 오르반 정권은 표현 및 언론의 자유를 억압하고 있으며 이러한 자유주의 가치가 배제된 민주주의는 얼마든지 독재체제나 전체주의처럼 소수자를 억압하는 체제로 전환될 수 있기 때문이다. 헝가리 오르반 정권은 "대중민주주의"로서 포퓰리즘이 비민주주의나 독재체제 내지는 권위주의 체제로 쉽게 전락할 수 있다는 것을 증명하고 있다. 냉전 이후 민주주의의 붕괴는 군인이 아니라 직접 선출된 포퓰리즘 지도자로부터 일어나고 있으며, 특히 헝가리에서 집권한 포퓰리즘 정권은 민주주의 퇴행을 가속화하고 있다.

5.3. 헝가리의 포퓰리즘과 EU 통합

1) 유럽회의주의 확산

오르반 정권은 내부의 적뿐만 아니라 외부의 적까지 끊임없이 재생산하며 "적대의 정치"를 이어갔다. 그가 지목하는 또 다른 적으로는 유럽연합(EU)이 있다. 국민들의 제도에 대한 불신, 재정적 불안감, 경제적 불만 등과 같은 요소는 포퓰리즘 정당이 이용하기에 최적의 재료다(배병인 2017).

EU의 회원국이기도 한 헝가리의 포퓰리즘 정권은 이러한 재료를 이용해 "유럽의 제도에 대한 불신"과 연결시켰고, 유럽연합이라는 틀 자체에 대한 회의주의를 조장했다. 오늘날 유럽회의주의(Euroscepticism)는 유럽 포퓰리즘 정당 캠페인의 매우 핵심적인 요소로 작용하고 있다(Lázár 2015, 215-233). 현재 오르반은 국내 유권자들에게 유럽회의주의 담론을 전파하면서 유권자들을 결속시키고 자신의 정권에 대한 지지세력으로 동원하는 데에 힘을 기울이고 있다. 그 대표적인 예시로, 헝가리 정부는 현재 언론을 이용해 "유럽연합의 난민 수용 압박으로 인해 현재 헝가리의 주권과 안전이 위협되고 있다"라는 담론을 확산했다. 이러한 오르반의 여론 선전은 국민들의 "불안, 불만, 분노"와 같은 감정을 동원함으로써 유럽연합회의주의를 전국민적으로 확산시켰고, 그 결과 헝가리와 EU 지도부 간의 충돌 속에서도 지지 기반과 영향력을 확대해가고 있다.

오르반 정권의 이러한 행보는 국내뿐만 아니라 유럽 전역에서 극우 포퓰리즘을 확산시키기는 계기로 작용하고 있다. 오르반 정권을 준거로 삼으며 포퓰리즘을 내세우는 중동 유럽 국가들이 늘어나고 있고, 그 결과 EU 통합은 심각한 위기에 직면하고 있다. 과거 중유럽의 헝가리, 폴란드, 체코, 슬로바키아 4개국은 EU 가입을 위해 '비셰그라드 4'를 구축하며 함께 노력해왔지만, 오늘날 그들은 "포퓰리즘에 대한 EU의 비판"과 맞서기 위해 공동전선을 구축하며 EU와 대립 구도를 만드는 상황까지 이르렀다. 유럽회의주의는 단지 국가의 이익을 고려해 나타난 결과가 아니라 개인 통치자의 권력을 강화하기 위한 포퓰리즘 캠페인의 도구로써 이용되고 있다.

2) 민족주의와 반난민정책

오르반 정권은 민족주의에 대한 감정을 호소하고 동원하는 선동정치를 지속적으로 보여주고 있다. 오르반 정부는 재집권 이후 헌법을 개정하면서 기독교, 가족, 민족을 헌법 정신으로 내세웠다. 이 헌법 정신은 국내 비판 세력을 반애국적, 반기독교적 세력으로 매도할 수 있도록 하는 토대가 됐다. 또한 유럽연합 등 오르반의 민족주의를 비판하는 외부 세력에 대해 "비기독교 난민들로부터 유럽 문명과 기독교 정신을 방어하고 있다"라고 반박하는 데에 힘을 실어주었다. 이러한 민족주의 정신을 바탕으로 오르반정권은 지속적으로 민족주의 감정을 동원하여 우파 포퓰리즘 정치의 기반을 마련하고 있다. 또한 특히 오르반의 포퓰리즘은 헝가리인들의 "트리아농 트라우마"를 적절히 이용했다. 트리아농 트라우마란 1차대전에서 오스트리아-헝가리 이중제국이 붕괴하고 헝가리가 패전 후 이전의 영토 약 2/3와 인구의 약 40퍼센트를 이웃 국가들인 체코슬로바키아, 루마니아, 유고슬라비아, 우크라이나 등에 내어줌으로써 헝가리 민족의 기억에 씻을 수 없는 상처를 남긴 것을 말한다(박정원 2021, 205).

헝가리 역사에서 이 트리아농 트라우마는 역사적인 헝가리 왕국 영토의 회복에 관한 이리덴티즘(irredentism)의 열망을 불러일으켰고, 헝가리에서 나타난 파시즘도 이를 기초로 한 것이었다. 이 트리아농 트라우마는 민족주의 세력 혹은 우파 세력이 탄탄한 기반과 토대를 소유할 수 있도록 했다. 피데쓰당의 오르반 정부도 이를 포퓰리즘 정치에 적절히 활용했다.

오르반 정부가 현재 규정하는 제1의 적은 난민이다. 반난민정책은 오르반 정권의 민족주의를 여실히 보여주는 사례다. 그는 반난민 정책 내지는 반이민정책을 기독교 문화를 수호하기 위함이라고 합리화하고 있다. 이는 중동 혹은 아프리카의 난민을 무분별하게 수용함으로써 기독교 문화가 훼손될 수 있다는 논리에 기초한다. "헝가리의 반난민정책은 훼손 가능성이 있는 기독교 문화를 수호하는 숭고한 정책"이라는 것이 오르반 정권에서 반복되고 있는 주장이다. 이를 명목으로 그는 세르비아 및 크로아티아와의 남부 국경에 철조망 펜스를 설치함으로써 난민을 원천 봉쇄했으며, 유럽 연합의 난민 분산 정책인 할당제를 거부하며 난민 수용에 적극적으로 반대 의사를 표출하고 있다. 오르반은 스스로 '유럽 기독교 가치의 수호자'라고 표방하였으며(The World), 헝가리가 '유럽 보수적 기독교 가치의 보루'임을 강조하고 있다(APnews). 이처럼 이교(異教)를 타겟으로 한 배타적인 담론을 통해 민족주의자와 보수적 가톨릭 신자들의 지지를 동원하고 보수정권의 정당성을 확보하고자 했다.

특히 2015년과 2016년 유럽을 뒤흔든 난민 관련 위기 상황에서 오히려 오르반의 인기와 지지는 크게 상승했으며, 심지어는 오르반이야말로 난민정국의 승자라는 평가까지 가능해졌다. 난민 문제는 지속적으로 EU를 위협하고 있는 요인 중 하나이다. 이는 영국의 브렉시트의 원인으로도 중요하게 작용했다.

이러한 가운데 헝가리가 매우 극단적인 반난민정책을 보여줌으로써 오르반 정권은 "유럽연합 본부의 노선에 반하며 난민수용을 거부하는 진영의 대표자"로 부각됐다. 반난민정책과 민족주의를 바탕으로 오르반은 "국가의 수호자"라는 이미지를 구축하며 국내적으로는 자신의 정권을 정당화하고, 국외적으로는 우파 정권에 대한 영향력과 권력을 공고히 했다.

3) EU의 가치와 충돌: 사르겐티니 보고서

사르겐티니 보고서는 오르반 정권 아래에서 민주주의가 후퇴하고 있는 상황을 가장 잘 보여주고 있다. 해당 문서에서는 오르반 정권의 비민주적 조치를 사회의 전 범위에 걸쳐 고발하고 있다. 사르겐티니 보고서란 헝가리가 EU의 기본 가치를 훼손하고 있다는 지적에 따라,

2017년 유럽의회가 네덜란드 녹색당 소속 유럽의회 의원인 사르겐티니를 보고관으로 선임하여 유럽연합조약 위반 여부를 보고하도록 결정한 데 따른 문서이다.

EU조약 제2조에서는 유럽연합의 근본 가치를 명시하고 있다. 그것은 인간존엄성, 자유, 민주주의, 평등, 법치, 인권에 대한 존중이다. 사르겐티니 보고서는 헝가리가 유럽연합조약의 근본 가치라고 할 수 있는 민주주의, 법치, 인권 존중의 위반 사례를 70여 가지 이상 지적하며 EU조약 제7조에 의거해 헝가리에 대한 제재를 요구했다. 유럽의회는 2018년 9월 12일 이 보고서를 기반으로 헝가리에 대해 EU조약 제7조와 관련된 절차 시행에 대한 투표를 실시했고 찬성 448표, 반대 197표, 기권 48표로 동 절차개시가 결정됐다(박정원 2021, 204).

물론 헝가리의 오르반 정부는 이 결정에 대해 강력히 반발했다. 그 근거는 이와 같은 결정을 내리기 위해서는 재적의원 2/3의 찬성이 필요하다는 점이었다. 오르반 정부는 해당 사안은 유럽사법재판소(ECJ)에 제소했다. 법치 준수 위반 등을 이유로 헝가리에 EU 예산 지원을 중단시켰음에도 불구하고 헝가리는 자국의 법안에 대한 제재 명령은 주권을 제한하는 것이라고 주장하며 비민주적 행위를 지속하고 있다. EU의 가치와 정면 충돌하는 오르반 정권의 모습은 유럽의 급진주의 세력들에게 추종할 선례가 되고 있다. 헝가리 오르반 정부의 비민주적 행태를 세세히 고발하고 있는 사르겐티니 보고서도 사실상 유럽연합(EU)와 헝가리 사이의 충돌에서 기인한 문서라고 볼 수 있다. 또한 최근 극우 성향의 헝가리 오르반 정권은 최근 EU

와 계속되는 엇박자 행보를 보여주며 EU의 지향점과는 멀어지는 모습을 보이고 있다. 특히 빅토르 오르반 총리는 EU의 대러시아 제재안에 지속적으로 반대 목소리를 내고 있다. 러시아의 우크라이나 침공과 관련해 EU의 러시아산 석유 금수제재를 반대했고, 핀란드와 스웨덴의 NATO(나토) 가입안 비준도 연기하고 있다. 또한 EU가 실시하기로 한 대규모 군사훈련에 불참까지 선언하기도 했다(연합뉴스 22/12/17).

이는 헝가리의 비민주적 정치로 인해 시행되었던 EU의 제재를 해제시키고 EU로부터 다시 정기적 자금과 코로나19 회복 자금을 얻어내기 위함이라는 비판이 나오고 있다. 잇따른 EU와 헝가리 간의 충돌로 EU의 통합은 계속해서 흔들리고 있다.

5.4. 동유럽 포퓰리즘의 전망

포퓰리즘은 그 역사나 등장 맥락, 변천 과정 등의 면에서 매우 다양하게 표출되기에 개념화하기 쉽지 않다. 그렇기에 포퓰리즘의 실체를 살펴보기 위해서는 특정 시공간을 한정하여 전반적 경향을 추적해야 한다. 본 장에서는 공산체제 붕괴 이후 동유럽, 특히 헝가리를 사례로 포퓰리즘 등장 배경과 과정, 그리고 민주주의와 EU통합에 미치는 영향에 대해 분석해보았다. 최근 동유럽 국가에서 포퓰리스트 정당의 약진 이유는 복합적 요인들이 동시적으로 영향을 끼친 것으로 볼 수 있는데, 특히 문화적이고 경제적 이슈에 대한 분노가 표출되었기 때문이다. 이러한 분노를 동원하여 지지 기반을 얻은 헝가리의 포퓰리스트 정권은 자유주의 가치를 침해하며 민주주의에 상당한 위기를 가져오고 있다. 그리고 이러한 분위기는 유럽회의주의의 확산으로 '난민위기'라는 정점을 만들어내기도 했다. 다시 말해 민족주의와 같은 비진보적 정치 조류와 보다 용이하게 결합할 수 있는 우파 포퓰리즘의 성공이 헝가리에서 가능했던 이유가 바로 여기에 있다. 동유럽에서 포퓰리즘은 기성 질서 안에서 정치 엘리트의 신분 상승을 위해 이용되는 정치 운동으로 기능했다.

그렇다면 현재 헝가리를 포함한 동유럽 국가들에서 민주주의를 복원하기 위해서는 어떻게 해야 하는가? 우선적으로 포퓰리즘 정권에 대한 일반 시민들의 비판이 표출될 수 있어야 한다. 이를 위해서는 헝가리 내 지식인들의 용기와 대중들의 높은 시민의식이 필요하다. 역사적으로 보더라도 1980년대 소련진영에서 전체주의 체제의 변화는 지식인과 시민사회의 역할이 컸다. 일례로, 폴란드에서는 정당으로부터 '독자적인 노조'를 결성함으로써 시민사회의 재생력을 복원했고 이는 일당 독재의 점진적 변화에 기여하게 됐다. 헝가리도 마찬가지로 높은 시민사회의 재활성화가 궁극적으로 공산체제를 붕괴시켰다. 그러나 역설적이게도 민주화 이후 동유럽의 지식인들은 시민사회를 더 이상 주도하지 못했으며, 오히려 개인의 정치적 목적을 위해 시민사회를 이용하는 모습을 보였다. 이제는 지식인과 시민사회가 각성하여 비자유주의 민주주의의 병폐를 극복하고 대항 헤게모니를 구축할 때이다. 그리고 동시에 헝가리의 기존 야권의 분열을 극복할 필요가 있다. 2010년 오르반 정권의 재집권 이후 야권은 분열되고 흩어졌으며, 반오르반 세력의 단결은 이루어지지 못했다. 정치사회 내의 분열 극복이 가능해진다면, 이들은 시민사회와 함께 연대하여 포퓰리즘 정권에게 큰 압력을 행사할 수 있을 것이다. 또한, 이는 회색지대에 있는 유권자들이 지지할 수 있는 근거로 작용할 수 있을 것이다.

하지만 언론의 자유가 철저히 침해당하고 있는 현재 헝가리 정권하에서 시민사회가 돌파구를 찾기에는 한계가 있을 수 있다. 따라서 오르반 정부의 지배에 대한 외부의 도전이 절실히 필요하다. 즉, 헝가리의 언론 자유 침해에 대한 해결책으로 EU의 적극적인 행동과 대안이 필요하다. 유럽연합은 EU에 가입한 신생 민주주의 국가에게 그 방향성을 제시하고 동유럽 국가들의 민주주의 안착에 기여해 왔다.

그러나 현재 유럽연합은 언론 장악, 사법부 독립 침해 등 민주주의 가치 훼손에 대해서는 적극적인 개입을 주저하고 있다. 실제 헝가리에 대한 EU의 압력이 줄어듦에 따라 오르반 정권의 운신의 폭은 확대되며 그의 극우 포퓰리즘 정치가 지속되는 결과를 낳았다.

오르반 정부의 포퓰리즘 정치에 대한 도전은 외부로부터 시작될 수 있다고 본다. EU 자금의 헝가리 유입 차단 등 EU 차원에서의 강력한 제재가 있을 때, 오르반 정권에 균열이 생길 수 있다. 그가 외부로부터의 경제적 도전에 대처하기 어렵게 될 때, 국내적으로도 시민사회와 정치사회의 압력이 실질적으로 가해질 수 있으며 정부에 대한 도전이 본격적으로 진행될 수 있기 때문이다. 물론 이 시나리오의 전제 조건은 시민사회의 각성과 재활성화이다. 헝가리의 민주주의 위기에 대한 유권자들의 자각이 동반되고 정치사회의 회복으로 야권과 연대할 수 있을 때, 비로소 헝가리의 변화가 실행될 수 있다.

6

한국의 포퓰리즘

6.1. 경제적 불평등과 좌파 포퓰리즘의 부상

6.2. 한국에서 좌파 포퓰리즘의 계기

6.3. 좌파 포퓰리즘의 정치적 동원

6.4. 좌파 포퓰리즘의 경제적 동원

6.5. 포퓰리즘적 민주주의의 한계

6. 한국의 포퓰리즘: 문재인 정부의 사례[1]

민주주의는 항상 두 가지의 위협에 직면한다. 첫째로, 국민들이 정치에 무관심하면 정치인과 공무원이 자본가와 결탁하여 권력을 독점하고 남용하는 과두정치나 후견주의(clientelism)로 전락할 수 있다(Levitsky and Ziblatt 2018; Judis 2017). 둘째로, 계급간의 첨예한 갈등 속에 박탈감을 공유하는 인민이나 대중이 개혁적 비주류 엘리트와 결탁하여 다수의 폭정를 행할 경우 포퓰리즘(populism) 또는 대중 영합주의로 변질될 수 있다(Mudde 2004; Mouffe 2019; Müller 2017; 김영평 외 2019). 민주주의는 이 양극의 가능성에서 균형이 이루어지는 경우에만 성립하는 불안정한 정치제도이다. 결국 민주주의를 가능케 하는 것은 시민적 양식(civility)을 갖춘 시민의 존재이다(Whitehead 2002, 74). 토론과 경쟁과 협력을 통해 공익을 정의하고 자유와 평등 사이에 균형을 잡을 수 있을 때만 민주주의의 유지와 작동이 가능할 수 있다(Przeworski 2019).

1987년 민주화 이후 한국의 민주주의는 형식적인 면에서 괄목할 성장을 거두었다. 2020년 EIU(Economist Intelligence Unit)가 발표하는 '민주주의 지수 2020(Democracy Index 2020)'에서 한국은 10점 만점에 8.01점으로 전 세계 167개국 중 23위이며, 5년만에 다시금 완전한 민주주의(full democracy) 국가군에 포함되었다(연합뉴스 2021/02/04). 그럼에도 불구하고 내용적인 측면에서 다른 선진 민

1 본 장은 이연호·임유진(2022)에 기초하여 확대하고 보강한 것이다.

주주의 국가와 마찬가지로 한국의 민주주의 역시 심각한 위기에 봉착하고 있다(강원택 2021; 임혁백 2021; 최장집 2020). 특히 촛불혁명으로 박근혜 전 대통령을 탄핵한 이후 집권한 진보적 성격의 문재인 정부에서 포퓰리즘이 새로운 민주주의 모델로 부상하면서 민주주의의 위기가 논의되는 역설적 상황에 직면했다.

한국에서 포퓰리즘의 등장은 생소한 현상은 아니다. 대중적 인기를 무기로 국회에서 야당의 반대를 극복하려 했던 이승만 정부, 민족이라는 개념을 앞세워 국가 주도의 중상주의적 경제발전을 도모한 박정희 정권도 포퓰리즘을 구사했다. 시민의 참여를 활성화시켜 보수 기득권의 권력 독점에 대항하려 했던 김대중 그리고 노무현 정부하에서도 포퓰리즘의 흔적이 목격되었다. 그리고 노무현 정부를 정신적으로 승계한다고 밝힌 문재인 정부에서 포퓰리즘의 양상은 더욱 강화되어 나타났다.

포퓰리즘의 등장은 한국만의 특성은 아니다. 미국, 튀르키예, 브라질 그리고 일본 등 전세계적으로 포퓰리즘의 양상이 목격되고 있다. 21세기를 들어 대부분의 국가들에서 포퓰리즘은 일자리를 위협받는 중산층이나 서민들이 극우 정당과 결합하여 발생한 결과였다(강명세 2019). 예컨대 보호무역주의와 반이민을 주장하는 국내 노동세력이 민족주의적 가치를 주장하는 우파정당과 결합하면서 나타난 것이었다. 이런 사례와 비교해 볼 때 문재인 정부의 포퓰리즘은 경제적 불평등의 심화가 주된 원인이라는 점은 동일하지만 중도 좌파 진보 정부와 결합하면서 나타나고 있다는 점에서 차별화된다(차태서 2021). 진보적 성격의 문재인 정부는 국내 정치에서 보수 기득권세력을 개혁하기 위한 정치적 동력을 서민 및 노동자의 계급적 불만에서 공급받고자 했다. 이러한 한국의 사례는 진보 좌파와 포퓰리즘이 결합하는 고전적 사례(Lukacs 2005, 56-59)와 다소 유사하다는 점에서 극우파와 포퓰리즘이 결합하는 미국과 유럽 등 서구 민주주의 국가들의 사례와 구분된다. 본 장에서는 문재인 정부에서 좌파 포퓰리즘이 발흥하게 된 원인과 그 결과를 분석하고 한국 민주주의의 함의를 모색하고자 한다.

6.1. 경제적 불평등과 좌파 포퓰리즘의 부상

자유 민주주의와 시장 자본주의는 공통적으로 자본 또는 생산수단을 소유한 자들의 경제적 자유를 어떻게 정치적으로 보장할 것인가에 관심을 가진다. 이는 경제적 자유가 경제적인 측면에 국한되지 않기 때문이다. 프리드만에 따르면 경제적 자유와 정치적 자유는 밀접한 관계를 가지고 있으며 자본주의적 제도의 발전은 정치적 자유의 중요한 선결 요건이다(Friedman 2002). 경제적 자유는 시민에게 부여되는 자유의 근간이며, 시장 자본주의가 중상주의나 맑시즘적 정치경제체제와 비교하여 구별되는 핵심적인 차별점이다. 중상주의는 국가가 자본을 소유하고 운용하는 자들을 육성하고 이들을 직간접적으로 통솔한다. 따라서 경제적 자유에 대한 정치적 통제도 가능하다. 맑시즘적 체제는 자본의 사적 소유가 노동의 착취를 유발한다고 비판하며 생산 수단 소유의 사회화 그리고 궁극적으로 국영화를 주장한다(이연호 2009).

자유주의적 시장경제론은 공급 중심주의의 관점에서, 자본을 축적할 수 있는 능력은 소수에게 한정된 것이며 따라서 경제를 발전시킬 수 있는 방법은 이들에게 최대한의 경제적 자유를 허용하는 것이라고 가정한다(Samuelson and Nordhaus 2001). 따라서 자유 시장경제체제에서 경제적 자유의 확대는 단기적으로 경제력의 집중과 경제적 불평등을 유발할 가능성이 높다. 그런데 문제는 자유 민주주의 체제에서 가진 자들의 목소리가 갖지 못한 자들의 그것보다 더 큰 정치적 영향력을 행사할 가능성이 높다는 점이다(Brighouse 2002, 54-55).

이에 대해 시장 자본주의 옹호론자들은 자본주의가 경제를 정치적 권위로부터 분리시킴으로써 권력의 집중을 억제하는 효과를 발휘한다고 주장한다(Friedman 2002). 반면 맑시즘은 자본의 속성은 근본적으로 노동 약탈적이기 때문에 자본가의 경제적 자유는 정당이나 국가에 의해 통제되어야 하는 것으로 이해한다(Held 1993, 22-23).

자유 민주주의와 시장 자본주의는 자유를 핵심 요소로 한다는 점에서 이상적인 조합으로 간주된다(Friedman 2002; Held 1993, 18-19). 그러나 이 조합은 경제적 불평등의 문제에 대해 해결 방안을 제시하지 못한다는 비판에 직면한다. 경제적 불평등은 서민의 정치적 대표 능력을 위축시키고 이는 정치적 불평등으로 연결된다(Dahl 1985). 그리고 가진 자들이 가지지 못한 다수의 지배에 대한 공포에서 벗어나기 위해 그렇지 못한 다수를 억압할 수 있는 강한 국가를 만들도록 유도한다. 국가가 정치 행정적으로 시장에 대한 간섭을 하지 않되 국내적으로 정치질서를 유지하고 대외적으로 안보를 단단하게 유지할 수 있는 힘이 있어야 시장경제와 대의민주주의가 유지될 수 있기 때문에 자유주의자들은 작지만 강한 국가를 상정하게 되는 것이다. 이에 대응하여 가지지 못한 자들은 민주주의적 체제의 다수에 의한 지배 논리를 빌어 국가를 장악하고 계급간 형평을 제고한다는 명분으로 가진 소수의 경제적 자유를 제한하려 시도한다(Dahl 1985, 8-9). 다수의 서민과 노동자가 자유 민주주의를 비판하고 포퓰리즘을 추구하게 되는 이유이기도 하다.

요컨대 좌파 포퓰리즘은 자본가들이 향유하는 경제적 자유를 제약함으로써 경제적 불평등을 완화하려는 정치적 시도라고 할 수 있다. 다수에 의한 지배는 소수에 대한 배려를 배제한 채 다수의 서민이 개혁의 주도세력이 되는 것을 정당화하는 주요 논리로 작동한다. 국가는 형평을 제고하기 위한 개혁을 수행하기 위해 크고 간섭적인 국가가 될 것을 요구받는다. 자유주의가 지향하는 작지만 강한 국가는 오히려 개혁의 대상이 되며, 국가라는 공동체 내에서의 경제적 형평의 제고는 포퓰리즘의 가장 중요한 목표가 된다. 경제적 불평등이라는 위기는 포퓰리즘의 부상을 자극하는 가장 동적인 요인이라 하겠다.

6.2. 한국에서 좌파 포퓰리즘의 계기

6.2.1. 경제적 불평등의 심화

문재인 정부가 집권한 2017년 당시 한국의 경제적 상황은 긍정적인 것만은 아니었다. 문재인 정부 집권 이전의 두 보수 정부가 약속했던 경제적 발전의 낙수효과는 나타나지 않았다. 사실 2007년 대통령 선거에서 이명박 후보가 압도적인 지지를 받아 당선된 것은 1997년 금융위기 이후 더욱 심각해진 불평등과 양극화의 문제를 보수 정당의 후보가 새로운 성장 동력을 찾아 해결할 수 있을 것이라는 국민적 기대 때문이었다. 그러나 이명박 정부의 성장주의적 친기업 정책은 신자유주의적 효율성만을 강조하면서 경제 주체간의 격차를 더욱 심화시켰다(임유진·이연호 2020). 이명박 정부는 대기업을 주축으로 하는 경제적 상위계층의 소득 증가효과가 장기적으로 하위계층에게도 흘러내려 갈 것이라는 낙수 효과를 기대했지만 이러한 결과는 가시화되지 않았다. 오히려 대기업의 해외투자가 증가하고 국내고용은 감소하는 소위 '고용없는 성장'(김용현 2005; 정준호 2017)이 지속되었다. 불평등의 심화 그리고 고용의 저하는 심지어 여당 내에서도 비판이 제기되어 경제 민주화를 내세운 박근혜 정부가 등장하는 계기를 마련했다.

한편 박근혜 정부는 이명박 정부하에서 더욱 심화된 불평등의 문제를 해결하기 위해 경제적 민주화와 창조경제를 공약으로 내세웠다. 그러나 박근혜 정부의 경제민주화는 노동의 권한을 강화하기보다는 재벌의 팽창을 억제하고 성장의 과실을 중소기업 등 여타 부문과 공유하는 데 초점이 맞추어져 있었다. 경제적 자유와 평등이 상충하는 개념이기보다는 상호보완적인 개념으로 간주되면서 경제적 형평은 경제적 자유가 확대되면 당연히 도출되는 것으로 해석되었다(임유진·이연호 2020). 그러나 박근혜 정부에서 경제민주화라는 정책 목표가 집권 1년만에 창조경제론으로 대체되면서 형평에 대한 관심은 자연스레 부차적인 것으로 밀려났고, 그 결과 박근혜 정부하에서도 대기업과 중소기업 사이의 불평등은 더욱 심화되어 갔다(<그림 1> 참고).

<그림 1> 기업 규모별 생산자수 변화(2005-2014)

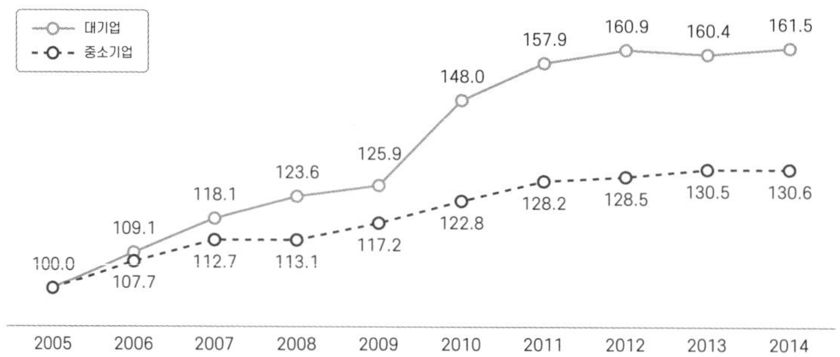

출처 : 통계청 홈페이지 http://kosis.kr

6.2.2. 진보 엘리트의 집권전략

박근혜 전 대통령의 탄핵으로 제19대 대통령 선거가 2017년 5월에 실시되었다. 선거기간 동안 촛불 집회와 대통령 탄핵 직후라는 점에서 유권자들의 관심이 높았으며, 제도적으로도 사전투표제의 도입 및 투표시간 연장 등으로 인한 높은 투표율과 문재인 후보의 승리가 예상되었다. 선거 결과 문재인 후보가 이변 없이 승리했다. 그러나 최종 투표율은 77.2%로 제18대 대선 투표율(75.8%)보다 1.4% 높아지는 데 머물렀으며, 문재인 당선자의 득표율은 41.08%로 이는 전체 유권자 대비 31.7%에 불과한 수준이었다(<표 1> 참고).

<표 1> 제 19대 대통령 선거 결과

정당	더불어민주당	자유한국당	국민의당	바른정당	정의당
후보자	문재인	홍준표	안철수	유승민	심상정
득표율(%)	41.08	24.03	24.41	6.76	6.17

출처 : 중앙선거관리위원회 선거통계시스템 http://info.nec.go.kr/(검색일: 2021/08/01)

<표 2> 정당별 국회의원 의석수 및 비율(2017/05/10)

	더불어 민주당	자유 한국당	국민의당	바른정당	비교섭단체			
					정의당	새누리당	무소속	합계
지역구	107	90	27	20	2	1	5	252
비례대표	13	17	13	0	4	0	0	47
의석수합	120	107	40	20	6	1	5	299
비율	40.1	35.8	13.4	6.7	2.0	0.33	1.67	100

출처: 경향신문(2017/05/10)

더욱이 민주당은 집권 당시 국회에서 의석수의 과반을 차지하지 못하고 있었다(<표 2> 참고). 대통령제하에서 분점 정부라는 구조는 문재인 정부가 집권 이후 개혁 드라이브를 본격적으로 시작하는데 근본적인 한계로 작용했다. 실제로 문재인 정부는 집권 초기부터 추진하고자 했던 고위공직자범죄수사처(공수처) 설치와 국가정보원법 개정 등 핵심 개혁 법안을 처리하는 과정에서 국회 상임위원회 또는 사법개혁특별위원회 단계에서부터 자유한국당에 반대로 상당한 어려움을 겪었다(한겨레신문 2018/05/08).

이러한 맥락에서 여당인 민주당은 소수 정당들이 요구해왔던 선거법 개정을 통해 소수 정당들의 지원을 확보함으로써 민주당의 핵심 개혁 법안에 대한 자유한국당의 반대를 무력화시키고자 했다. 소수 정당들은 소선거구제하에서 전체 의석수(300석) 가운데 지역구 의석(253석)에 비해 비례대표 의석(47석)의 비율이 낮다는 문제를 지속적으로 제기해왔다. 사실 민주당과 자유한국당은 연동형 비례대표제와 권역별 비례대표제 등 거대 정당에게 상대적으로 불리할 수밖에 없는 선거법 개정에 미온적인 태도를 견지해왔다. 그러나 문재인 대통령이 후보시절 권역별 비례대표제를 공약했다는 점과 선거 제도에서 비례성 강화와 다양한 정치 세력의 원내 진출이라는 대의 명분을 바탕으로 민주당은 소수 정당들의 지지를 받아 연동형 비례대표제를 도입하기 위한 선거법 개정을 추진했다. 자유한국당의 극심한 반대에 직면하여 민주당과 소수야당들은 선거법 개정안을 신속처리안건으로 지정하였고, 결국 연동형 의석수를 30석(연동율 50%)으로 하는 일부 병립형 준연동형 비례 대표제가 도입되었다(유진숙 2020).

6.3. 좌파 포퓰리즘의 정치적 동원

6.3.1. 직접 민주주의 논리의 심화

문재인 정부는 집권 이후 국정운영 5개년 계획(2017/07)을 통해 새로운 국가 비전을 '국민주권시대'로 명명했다(국정기획자문위원회 2017). 1987년 민주화 이후 한국에서 절차적 민주주의의 달성이라는 성과에도 불구하고 선거나 대표자에게 위임되는 엘리트 중심의 정치가 지속되면서 주권자로서의 국민이 '나'를 대표하는 데 한계가 있었으며, 결과적으로 한국의 민주주의가 위기에 직면하게 된 것으로 진단했다. 따라서 주권자로서의 국민 개개인이 권력의 생성과 과정에 직접 참여하고 결정하는 주권자 민주주의의 실현을 통해 실질적인 차원에서 국민주권을 보장할 것을 약속했다.

문재인 정부의 '국민주권시대'는 이전 이명박 정부의 '국민성공시대', 박근혜 정부의 '국민행복시대'와는 질적으로 다른 정치적 비전으로 이해될 수 있다. '국민 성공'과 '국민 행복'의 경우, 국가가 국민들의 성공과 행복을 책임진다는 점에서 국민은 객체로서 존재했다. 반면, 문재인 정부의 '국민주권'은 국민의 힘을 통해 결정하고 실행하기 위한 것으로서 이를 통해 국민이 통치의 대상에서 벗어나 나라의 주인이자 정치의 실질적 주체로서 자리매김하도록 하기 위한 것이었다. 즉 문재인 정부는 주권자인 국민의 직접 참여를 통한 아래로부터의 민주주의와 직접 민주주의를 강조함으로써 이전 정부와 차별화를 시도했다(국정기획자문위원회 2017).

아울러 문재인 정부에서 특정 정치인을 중심으로 하는 정치의 개인화가 심화되었다(오현철 2021). 준연동형 비례대표제 도입 이후 선거법 개정에 대해 반대 입장을 견지했던 자유한국당이 미래통합당으로 당명을 변경하는 한편, 비례대표 선거용 위성 정당인 미래한국당을 창당하면서 비례대표용 선거용 정당의 창당이 본격적으로 시작되었다.[2] 이 과정에서 미래통합당의 변칙적인 위성 정당 창당을 비판

2 결과적으로는 선거법 개정을 주도했던 더불어민주당 역시 비례대표 선거용 위성 정당인 더불어시민당을 창당하면서 준연동형 비례대표제 도입을 통한 소수정당의 국회 진입이라는 선거법 개정의 의미는 유명무실해지게 되었다(윤지성 2020; Shin 2020).

하면서 정봉주 전 의원 등 친문 정치인들이 중심이 되어 비례대표 선거용 정당인 열린민주당을 창당했다. 창당 선언문에서 열린민주당은 더불어민주당의 위성 정당이 아니며, "조국 수호 검찰 개혁, 성공하는 문재인 정부"를 목표로 민주당과 선명한 경쟁을 할 것임을 주장했다(한국일보 2020/02/28). 그러나 열린민주당은 전법무부장관인 '조국의 명예 회복'을 제외하고 검찰개혁 등 이념과 정책에서 더불어민주당에 거의 전적으로 동조하는 경향을 보였다. 즉 열린민주당은 시민을 정치적으로 충원하고 동원하는 정당이라기보다는 문재인 대통령과 특정 정치인에 대한 과도한 기대에 기반하여 급조된 파당(faction)이었던 것이다.

<표 3> 제 21대 국회의원 선거 결과(2020/04/15)

	더불어민주당	미래통합당	정의당	국민의당	열린민주당	무소속	합계
	더불어시민당	미래한국당					
지역구	163	84	1	-	-	5	253
비례대표	17	19	5	3	3	-	47
의석수합	180	103	6	3	3	5	300
비율(%)	60.0	34.3	2.0	1.0	1.0	1.7	100.0

출처 : 중앙선거관리위원회 선거통계시스템 http://info.nec.go.kr/

그리고 문재인 대통령에 대한 팬덤이 무분별한 참여로 나타났다. 상대 진영은 적이며 악으로 규정했으며(Shin 2020), 같은 진영이더라도 문 대통령 정책에 반대하거나 국정 운영에 방해가 된다고 여겨지면 공격의 대상이 되었다. 예컨대, 민주당은 공수처 설치법안에 기권표를 행사하고 조국 전 장관을 비판했다는 이유로 금태섭 전 민주당 의원을 징계했으며, 문재인 대통령 지지자들은 대통령에 대해 비판적인 기사를 게재한 언론사를 무분별하게 공격했다. 이러한 극단의 갈등 속에서 동지 아니면 적이라는 이분법과 사회적 양극화가 더욱 심화되었다.

6.3.2. 의회주의의 약화

2020년 4월에 치러진 제21대 국회의원 선거에서 집권당인 더불어민주당과 더불어시민당이 180석(60.0%)으로 압승했다(<표 3> 참고).[3] 국회에서 180석이라는 의석은 다수당의 법안 일방 처리를 막기 위한 국회 선진화법 관련 규정이 대부분 무산되는 것으로 개헌을 제외한 대부분의 정책과정에서 민주당의 독자적 추진이 가능해진 것을 의미했다. 그리고 그 결과 제21대 국회의 입법 과정은 수적 우위에 기반한 집권당에 의한 다수의 독재(tyranny of majority)로 전락했다(공진성·지병근 2021).

첫째, 제21대 국회 개원 이후 민주당은 야당과의 협치가 아닌 단독 행동을 선택하면서 민주화 이후 유지되어 온 국회의 민주적 관행을 무너뜨렸다. 제21대 국회 원구성 협상에서부터 미래통합당과의 갈등을 겪으면서 더불어민주당은 전반기 국회의장을 단독으로 선출했

3 제21대 총선 이후 더불어시민당 비례대표의원으로 당선되었던 용해인(기본소득당), 조정훈(시대전환)은 최고위원회 제명을 거쳐 소속 정당으로 복귀했으며, 이후 더불어민주당과 미래통합당 역시 비례대표 위성정당에 대한 합당 절차를 마무리했다. 결과적으로 더불어민주당은 174석(지역구 161석, 비례대표 13석)으로 의석수가 감소되었으나, 열린민주당(3명)과 친여 성향 무소속(5명)을 포함하면 182석이 된다. 더욱이 개혁법안의 경우 정의당(6), 기본소득당(1), 시대전환(1)의 지원을 받아 어렵지 않게 처리할 수 있을 것으로 기대되었다(공진성·지병근 2021).

으며, 법제사법위원회 위원장을 포함한 18개 상임위원장을 모두 차지했다. 한국의 의회 민주주의에서 13대 국회 이후 상임위원장은 의석수 비율에 따라 정당들이 나누어 가져왔으며, 2004년 제17대 국회 이후 야당이 법제사법위원회 위원장을 맡는 것이 관행으로 유지되어 왔다. 예컨대, 18대 국회의 경우 당시 한나라당은 155석을 확보한 반면, 통합민주당은 81석에 머물렀다. 그러나 18개의 상임위원장은 다수당인 한나라당(11) 이외에도 통합민주당(6), 자유선진당(1)에게 의석수에 비례하여 배분했으며, 법제사법위원장은 야당인 민주당이 담당했다.

국회의장이 국회 운영을 책임지는 입법부의 수장이라고 한다면, 법제사법위원회 위원장은 통과를 앞둔 법률안에 대한 체계와 자구 심사 등을 통해 여당을 견제할 수 있는 능력을 가진다(국회법 제86조 제1항). 따라서 국회 내에서 국회의장과 법제사법위원장의 당적을 서로 분리하는 권력 분점을 통해 의회 내에서 특정 정당의 독주를 방지하는 관행을 만들어왔다. 예컨대, 제20대 국회의 경우 55건의 법률안이 법제사법위원회를 통과하지 못했다. 전체 법률안 수에 비하면 미미한 수준에 불과한 것으로 볼 수 있으나, 국익이나 민생과 관련하여 이해가 충돌하거나 민감한 내용이 포함되는 경우 야당에게 견제 기능을 보장하는 역할을 담당해 왔다(조선일보 2020/06/16).

둘째, 국회에서 집권당 주도의 입법 과정이 더욱 강화되었다. 2017년 집권 이후 민주당은 제20대 국회에서부터 쟁점 법안들을 신속처리안건으로 지정했다. 신속처리안건 제도는 여야간 교착 상태에서 법안의 처리 가능성을 높이기 위해 다수당에 의한 일방적인 법안 처리가 가능하도록 하는 제도이다(국회법 제85조의 2).[4] 대표적으로 민주당은 바른미래당, 민주평화당, 정의당 등 야3당과 함께 '고위공직자범죄수사처(공수처)' 설치법안과 준연동형 비례대표제를 골자로 하는 공직선거법 개정안을 신속처리안건으로 지정했다. 본회의에 상정된 두 법안에 대해 자유한국당은 무제한 토론을 제기했으나 회기만료로 무제한토론은 자동 종결되었고, 결국 다음 회기에서 두 법안 모두 민주당의 의지대로 통과되었다.[5]

더욱이 제21대 국회에서 수적 우세를 기반으로 한 민주당의 입법독주는 더욱 거세어졌다. 2020년에도 공수처법 개정안이 발의되자 제1야당인 국민의힘은 상임위원회 안건조정위원회에 회부했다. 안건조정위원회는 의견 차이가 큰 법안에 대해 최장 90일까지 조정할 수 있도록 규정하고 있다(국회법 제57조의 2). 그러나 공수처법 개정안이 안건조정위원회를 통과하는데 겨우 77분만이 소요되었다. 또한 야당 의원들의 반대토론 신청을 무시하고 법제사법위원회 전체회의에서 기립 표결로 해당 법안을 처리하는 데 소요된 시간은 6분에 불과했다(조선일보 2020/12/10). 이러한 입법 독주의 결과 2021년 7월 1일 현재, 제21대 국회에서 가결된 442건의 의원 발의 법안 가운데 더불어민주당 소속 의원이 발의한 법안은 357건으로 전체의 80.8%에 달하는 반면, 제1야당인 국민의힘 소속 의원이 발의한 법안은 18.3%에 불과했다(<표 4> 참고).

---

4 신속처리안건으로 지정된 경우 국회에 계류된 이후 최장 330일 이후 본회의에 자동상정되며, 과반수 의결로 법안을 통과시키는 것이 가능하다(국회법 85조의 2).

5 무제한토론이 진행되는 중에 해당 회기가 끝나는 경우 무제한토론의 종결이 선포된 것으로 보고 다음 회기에서 해당 안건을 표결하도록 한다(국회법 제106조의 2, 8항).

<표 4> 제 21대 국회에서 정당 소속별 의원 발의 가결법률안

	원안 통과	수정	소계	비율(%)
더불어민주당	117	240	357	80.8
국민의힘	22	59	81	18.3
무소속	-	4	4	0.9
소계	139	303	442	

출처: 의안정보시스템 http://likms.assembly.go.kr/bill/stat/statFinishBillSearch.do (검색일: 2021/07/10)

셋째, 민주당은 제1야당 소속 의원들이 제기한 무제한토론을 강제로 종결하기도 했다. 무제한토론은 의회 내에서 다수파의 독주를 막기 위해 합법적 수단으로 의사 진행을 지연시킬 수 있는 수 있는 소수당이 가진 최후의 방어수단이자 무기이다(국회법 제106조의 2). 민주당은 2020년 12월 10일 공수처법 개정안을 일방적으로 통과시킨 후 다른 쟁점 법안들에 대해 제기되는 무제한토론을 강제 종결하지 않을 것임을 표명했다. 그러나 또 다른 쟁점법안인 '국정원법 개정안'에 대해 국민의힘 소속 이철규 의원을 시작으로 윤희숙 의원이 12시간 47분 동안 무제한토론을 진행하는 등 국민의힘 초선의원 58명이 무제한토론을 지속할 것으로 예상되는 상황에서 민주당은 국민의힘 의원들의 무제한토론을 강제 종료시키고,[6] 국정원법 개정안을 본회의에서 표결을 통해 일방적으로 통과시켰다.

그리고 더불어민주당은 2017년 대통령 선거, 2018년 지방선거, 2020년 제21대 국회의원 선거에서 연이은 압승을 통해 행정, 지역, 의회 권력 모두를 장악했다. 민주당으로 권력이 집중됨에 따라 민주당의 당론으로 정해진 안건에 대해 의회의 정치과정을 통해 민주당

6 무제한토론의 종결동의는 동의가 제출된 때부터 24시간이 지난 후에 무기명투표로 표결하되 재적의원 5분의 3 이상의 찬성으로 의결한다(국회법 제106조의 2, 6항).

이 일방적으로 처리하는 것이 가능해졌다. 의회가 서로 다른 의견들이 자유롭게 경합하여 합의를 도출하는 토론의 장이 아니라 집권당의 수적 우세를 바탕으로 친문 세력의 명령을 수행하는 거수기로 전락하면서 "당정청 일체의 내각제 원팀"이라는 비판을 받기에 이르렀다(채진원 2021). 그리고 이로 인해 다수의 지배라는 민주주의가 근원적으로 내포하는 '다수제의 폭정'의 위험에 대해 소수의 권리를 보호하기 위한 견제와 균형(checks and balances)의 원리가 위기에 직면하게 되었다(Shin 2020; 강원택 2021).

6.4. 좌파 포퓰리즘의 경제적 동원

6.4.1. 소득주도성장과 친노동성

문재인 정부는 고용과 임금을 제고할 수 있는 정책과 경제민주화 정책에 초점을 맞추어 경제적 불평등을 해결하는 데 집중했다. 이 정책들은 무엇보다도 보수 엘리트들로부터 마음이 멀어진 대중의 지지를 확보하기 위한 전략이었다(도묘연 2020). 첫째, 문재인 정부가 제시한 정책 중 가장 대표적인 것은 소득주도 성장정책이었다. 이전의 두 보수 정부에 대한 비판의 핵심은 한국 경제의 총량적 성장에도 불구하고 기업소득 증가율에 비해 가계소득 증가율이 낮기 때문에 가계소득의 증가가 체감되지 않았다(조영철 2018)는 점이었다. 한국에서 1998~2017년 기간 동안 총국민소득(GNI)이 연평균 6.6% 성장한 가운데 가계소득은 연평균 5.6% 성장에 머물렀던 반면 기업소득은 연평균 9.8% 성장했다. 이에 따라 같은 기간 총국민소득(GNI)에서 가계소득 비중은 72.8%에서 61.3%로 낮아졌던 반면, 기업소득 비중은 13.9%에서 24.5%로 높아졌다(김민창 2019).

이러한 문제를 해결하기 위해 문재인 정부는 인위적인 개입을 시도했다. 재정지출 확대를 통한 공공부문 일자리 증가와 최저임금 인상[7] 등 소득주도성장 정책을 통해 가계의 소득과 소비역량을 증가시켜 경제성장을 도모하고자 했다(프레시안 2017/07/24). 이는 시장의 자동적인 낙수효과를 기대하기보다는 국가개입을 통해 임금을 시장에서 정해주는 수준보다 높여주고 임금이 소비의 재원으로 활용되어 승수 효과를 유발함으로써 경제를 활성화시킨다는 케인즈주의적 경제원리와 맥락을 같이 하는 것이었다. 그 결과 처분가능소득 지니계수는 2017년 이후 지속적으로 개선되어 2020년 0.331로 최저 수준을 기록했다(<그림 2> 참고).

7 2017년 이후 최저임금은 6,470원, 7,530원(2018년), 8,350원(2019년), 8,590원(2020년), 8,720원(2021년) 등으로 지속적으로 인상되어왔다.

<그림2> 정부 재정지출 변화(2005~2020)

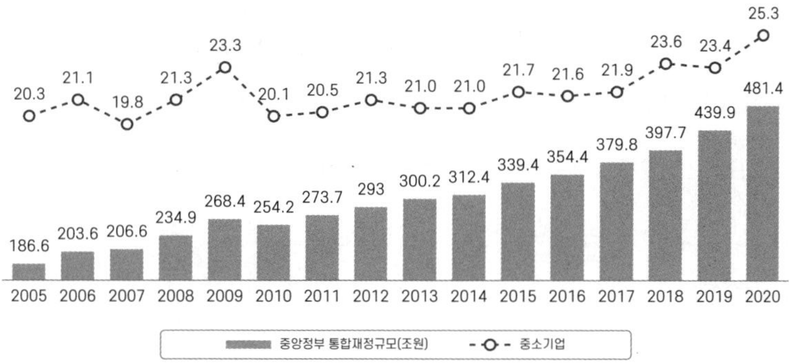

출처 : e나라지표 http://www.index.go.kr.

둘째, '공정경제 3법'을 통해 기업경영의 투명성과 책임성을 높임으로써 재벌개혁을 추진하고자 했다. 이를 위해 2017년 문재인 정부 출범 직후 '공정경제 3법'의 내용을 구체화하기 위한 논의를 시작하여 2018년 20대 국회에서 입법화 추진에 나섰으며, 마침내 21대 국회에서 통과되었다. 그 결과 개별 기업 단위에서 합리적 의사결정이 가능해지고(상법), 기업집단의 경제력남용과 편법적 지배력 확대가 차단되며(공정거래법), 금융복합기업집단의 건전성 제고(금융복합기업집단감독법)가 가능해지는 효과가 있었다.

셋째, 문재인 정부는 '노동존중사회'를 표방하면서 노동에 대한 친화적인 입장을 견지했다. 정권 초기부터 공공부문 비정규직 정규직 전환, 근로시간 단축 등 노동자를 배려한 다양한 정책들이 입안되었다. 그리고 2020년 12월, 노동조합 및 노동관계조정법, 근로기준법, 고용보험법 등 노동3법을 통해 해고자의 기업별 노조 가입과 퇴직공무원·퇴직교원, 소방공무원, 조교 등의 교육공무원의 노조가입이 가능해지는 등 노동권이 한층 더 강화되었다. 특히 공공부문 비정규직 정규직 전환 과정에서 노조를 새롭게 설립한 비정규직 노동자들이 민주노총 산하로 편입되면서 민주노총의 확대가 두드러졌으며, 2018~2019년 민주노총이 제1노총의 지위에 오르는 등 노동의 대표성에서 변화가 나타나기도 했다(고용노동부 2019, 2020; 연합뉴스 2019/12/25).

6.4.2. 반중산층적 부동산 정책

문재인 정부는 정치경제적 불평등이슈를 적극적으로 활용했다. 즉 사회적 계층을 상류층, 중산층 그리고 서민이라는 3분법의 구도로 정착시키기보다는 '가진 자'와 '가지지 못한 자'로 이분화시키는 데 중점을 두었다. 문재인 정부의 부동산 정책을 설계한 김수현 사회경제수석은 영국의 예를 들어 부동산을 소유한 계층은 보수적인 투표 성향을 보이며, 그렇지 않은 경우는 진보적인 투표 성향을 보인다고 주장한 바 있다(김수현 2011, 88). 이에 따라 문재인 정부의 부동산 정책은 고가 부동산 및 다주택의 보유 부담 증가 및 임대 아파트의 건설에 초점을 맞추었다. 종합부동산세 확대개편, 공시지가 인상, 재건축 초과이익 환수제, 분양가 상한제, '12.16 주택담보대출 관리강화방안' 등을 도입하여 고가의 아파트가 재건축을 통해 자산이 증가하는 것을 억제하고자 했다. 그리고 임대차 3법 등을 도입하여 주택 소유자보다는 임대자들에게 유리한 환경을 조성하고자 했다.

그러나 문재인 정부의 부동산 정책은 의도와는 반대의 결과를 가져왔다. 서울 및 수도권을 중심으로 신축 아파트의 공급 축소와 함께 코로나-19 팬데믹에 따른 경기 부양을 위해 막대한 복지성 예산이 방출되고, 여기에 저금리 기조까지 겹치면서 아파트 매물 품귀로 인한 소위 패닉 바잉(Panic Buying) 현상이 나타났다. 그리고 임대차 3법의 시행으로 폭등한 아파트 시세를 임대가격에 대폭 반영하고자 하는 움직임까지 나타나면서 아파트 매매 및 전세 가격이 폭등했다. 문재인 정부가 집권했던 2017-2022년 기간 동안 서울 아파트의 평균 매매가격은 6억 708만 원에서 12억 7,722만 원으로 약 2배, 평균 전세가격은 4억 2,619만 원에서 6억 7,570만 원으로 약 1.5배 상승했다(매일경제 2022/04/27).

<그림 3> 지니계수 추이(2011~2020)

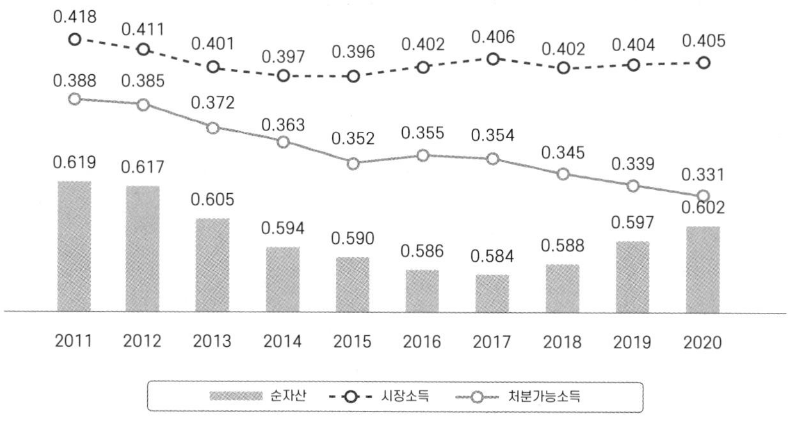

출처: 통계청 홈페이지 http://kosis.kr/

문재인 정부 기간 동안 소득주도성장 정책을 추진하기 위한 재정지출 확대와 더불어 저금리 중심의 통화정책이 지속되면서 자산 불평등이라는 또 다른 차원의 경제적 불평등이 심화되는 문제가 야기되었다(<그림 3> 참고). 그 결과 보수정당의 지지기반인 중간계층의 축소와 사회 계층의 양극화가 더욱 확대되었으며 계급 갈등은 심화되어 갔다. 부동산 가격이 인상되는 시기 부동산 자산이 많은 계층과 그렇지 않은 계층 간 자산격차가 확대되는 경향(Dwyer 2009; Piketty 2014)과 한국의 자산 불평등에서 부동산 자산의 불평등 기여도가 높아지고 있음(이성균 외 2020; 장영은 외 2017; 이우진 2016)을 고려하면, 문재인 정부에서 자산 불평등의 확대는 부동산, 특히 서울 및 수도권, 대도시 지역의 부동산 가격 상승과 관련이 있다고 할 수 있다.

6.5. 포퓰리즘적 민주주의의 한계

문재인 정부는 집권 후 자신의 권력을 공고화하기 위한 목적으로 서민과 노동자들의 지지를 확보하기 위해 포퓰리즘적 전략을 구사했다. 정치적으로 문재인 정부는 소수 정당들을 지지 세력으로 동원하는 정치 전술을 통해 핵심 개혁 어젠다들을 처리해왔다. 민주주의의 절차적 차원에서 21대 국회에서 이루어진 민주당의 법안 추진은 의회와 정당이라는 기존의 대의 제도의 틀 내에서 이루어졌다는 점에서 포퓰리즘이라고 보는 것이 적절한지 논란이 있을 수 있다. 노무현 정부 이래 민주당이 구현하려 했던 참여 민주주의(participatory democracy)로 볼 수 있는 가능성도 충분하다. 그러나 실질적인 내용의 차원에서 민주당은 선거법 개정과 같은 게임의 룰(rule of game)의 결정과 같은 핵심적인 사안에서 제1야당을 철저하게 배제하는 한편, 원외 세력인 친문세력에 대한 적극적인 동원과 지원을 바탕으로 의회 민주주의의 질서를 우회하는 다양한 방법들을 시도했다는 점에서 포퓰리즘의 요소가 존재한다는 점은 분명하며, 참여 민주주의 모델로 간주하기에는 배제적이고 갈등 유발적 성격이 강하다.

더욱이 경제적으로도 아파트 등 자산의 가격을 과도하게 증대시켜 지역 및 소득 불평등 해소를 위한 세원으로 활용하고 중산층의 자산구매 동기를 약화시키며 노동자 및 서민들의 자산소유 계층에 대한 반감을 증대시켜 진보 정부의 지지 세력을 확대시키는 것 역시 좌파 포퓰리스트적 정치경제적 전략으로 간주될 여지가 충분하다. 시민계층의 자산 보유 의욕을 약화시키고 중산 자영업자를 영세화시키는 정책을 통해 중간 계층을 축소시키고 사회 계층을 양분화시키려는 전략으로 이해될 수 있기 때문이다.

물론 포퓰리즘적 전략이 문재인 정부에서만 나타난 것은 아니다. 과거의 보수와 진보 정부에서도 포퓰리즘적 전략은 구사되었다. 그러나 경제적 불평등의 심화로 인해 김대중 그리고 노무현 정부와 비교해 볼 때 문재인 정부의 포퓰리즘은 서민과 노동자에 대한 의존성이 더 강화되었으며, 계급 갈등적 성격이 매우 두드러졌다. 또한 부동산 정책에서도 나타났듯이 상대적으로 중소기업자와 소상공인을 포함하는 중산층에 대한 포용성은 약했다는 점에 주목할 필요가 있다. 오히려 이재용 삼성 부회장에 대한 사면에서 보듯이 일부 친재벌적 성향이 나타난 것은 네오 맑시즘적 시각에서 충분히 설명될 수 있다. 국가가 자본가로부터의 상대적 자율성을 보유하는 것은 가능하고 나아가 경제를 활성화하고 고용을 증대하기 위해서는 이들 간 타협의 여지가 있기 때문이다. 따라서 문재인 정부의 포퓰리즘은 보수 정치 세력의 기반인 중산층을 배제하고 서민과 노동자들을 보다 정치에 적극적으로 참여시키려 했다는 점에서 특징이 있다. 그리고 문재인 정부의 포퓰리즘은 정권 말기로 갈수록 진보적인 속성을 넘어 대중 영합주의적 속성을 더해 갔다고 할 수 있다.

그러면 문재인 정부의 포퓰리즘은 지속가능한 정치 이데올로기였을까? 위에서 분석한 바와 같이 경제적 불평등의 심화가 포퓰리즘의 등장에 큰 역할을 한 것은 사실이지만 이러한 현상이 지속될 것인가에 관해서는 회의적이다. 무엇보다도 불평등을 유발한다는 시장 자본주의 그리고 이를 떠받치는 자유 민주주의에 대한 진보적 비판에도 불구하고 경제민주화 프로그램은 오래 지속되기 어렵다. 가장 중요한 이유는 자본가들에 대한 경제적 자유를 제약하면 자본주의 체제의 생산력이 저하될 수밖에 없기 때문이다. 케인즈주의는 국가의 시장개입, 생산수단에 대한 사회적 통제를 통한 장기적 투자의 유도 그리고 재정투입을 통한 일반인들의 작은 소비 확대를 통해 자본주의의 불안정성을 극복할 수 있다고 주장한 바 있다. 그러나 케인즈주의나 중상주의가 처방하는 국가의 시장개입은 중복투자, 재정의 낭비 그리고 정경유착이라는 문제를 유발하고 시장의 정치화를 유발한다는 비판에서 자유롭지 못하다(이연호 2009). 게다가 과도한 국가의 시장개입은 특정 기업이나 자본 세력에게 지대(rent)를 제공함으로써 오히려 빈부 간의 불평등을 심화시킬 가능성도 높다.

자본주의의 생동감을 유지하기 위해서 평등에 집착하기보다는 다시금 자유 민주주의와 시장자본주의로 회귀해야 할 가능성이 높다. 2022년 대선에서 정권교체가 이루어진 것도 이러한 맥락에서 이해될 수 있을 것이다. 제도적으로 자유주의적 국가는 대의 민주주의 제도를 선호할 가능성이 높다(Jessop 1982, 278).[8] 물론 시장주의적 자본주의에 대한 우려는 19세기의 고전적 자유주의자들도 지적했을 만큼 고전적인 것이다. 재산권이 없는 노동자들이 의회를 장악하지 않더라도 세속적 이익만을 추구하는 상업적 인간(commercial man)이 시장이나 국가를 장악할 경우 사회적 질서가 무너지고 공동체적 미덕이 사라질 것을 우려하는 목소리도 보수 우파 진영에서 존재했다. 경제적 자유와 민주주의가 잘못 조합되었을 때 생길 수 있는 문제는 좌파들만의 비판 대상이 아니었다(Hawthorn 1994).

한편 좌파적 입장에서는 자유 민주주의 제도 말고 시민사회의 정치적 참여를 초청하는 참여 민주주의나 사회 민주주의 모델을 도입하여 민주주의의 원리를 정치적 영역을 넘어 사회적 경제적 영역까지 확산 적용시킴으로써 사회세력의 권력을 견제하고 특히 기득권 세력의 독점적 지배를 견제하려 시도하기도 한다(Jessop 1982, 286). 그러나 이러한 변화는 자본의 자유를 억제하여 자본주의의 생동감을 저하시키는 데 기여할 가능성을 배제할 수 없다.

요컨대, 핵심은 유권자를 만족시킬 경제적 번영을 구현하기 위해 자본의 자유를 어느 정도 제한하고 어느 정도 보장해 줄 것인가의 문

---

8 만일 의회가 서민과 노동자와 연결된 진보적 다수당에 의해 압도적으로 지배될 경우 자본주의와 민주주의의 자유주의적 속성은 심각한 타격을 입을 수도 있다. 의회는 최종의 정책결정기관이기 때문이다. 특정 다수당에 의한 의회독재현상은 현실적으로 불가능하지 않다.

제이다. 자본에 대한 국가나 인민의 통제를 전제로 하는 포퓰리즘이나 사회주의적 모델로는 자본축적의 지속적 효율성이 제고되기 어렵다. 경제적 자유를 억압하기 때문이다. 민주주의 국가는 다수 유권자들의 경제적 발전에 대한 요구를 외면하기 어렵다. 재산권을 보유하고자 하는 시민들의 요구는 물적 기반의 총량적 확대가 있어야만 충족이 가능하다. 다만 경제적 성장의 성과가 상위 소수에게만 한정되어 발전보다는 분배와 형평에 대한 요구가 다수를 점할 경우 자본의 경제적 자유에 대한 요구는 제약될 것이다. 그러나 시장 자본주의가 국가권력의 집중을 견제하고 자본축적의 효율성을 제고하는 최고의 수단으로 간주되는 한 민주주의 체제가 자본주의적 생산방식을 외면하기는 근본적으로 한계가 있다. 특히 국가가 발전 경쟁이 심화될수록 이러한 성향은 강화될 것이다. 아직까지 국가의 부를 증대하기 위한 수단으로 경제적 자유화의 확대만큼 효과적이고 지속가능한 방법은 없다. 문재인 정부의 포퓰리즘적 접근은 이러한 면에서 시민들의 지지를 확보하는 데 분명한 한계를 가지고 있었다.

7 결론 : 대의민주주의의 미래에 대한 전망

7. 결론: 대의민주주의의 미래에 대한 전망

포퓰리즘이라는 용어는 학자들간 다양한 해석으로 학술적으로 통용되는 정의가 부재한 것으로 논의되기도 한다. 저자들은 다른 이념들과의 혼용을 통해서만 바로 설 수 있는 얇은 이데올로기로 부패한 엘리트와 순수한 인민과 같이 적과 주체를 가르는 정치적 담론으로 다루어야한다는 카스 뮈데의 주장에 일견 동의한다. 하지만 이 책에서 다루고 있는 유럽 국가들과 한국에서 나타나는 포퓰리즘의 양상과 특징들은 각국의 민주주의가 발전해 온 맥락에 따라 다른 모습을 보이기도 한다. 이러한 측면에서 북유럽의 스웨덴, 남유럽의 스페인, 동유럽의 헝가리에서는 포퓰리즘이 출현할 수 있는 각기 다른 정치적 지형에서 최소한의 동질성을 공유한 포퓰리즘이 서로 다른 발전의 경로로 출현하기도 하고 또 이를 억제하기도 했다.

스웨덴 사민주의는 공산주의와 구별되며 자본계급을 타도 대상으로 삼지 않았다. 사민당은 다양한 계층과 협력하여 사회적 포용을 추구하며, 사적 자본의 사회화나 국유화는 시도하지 않고 국가-자본 관계를 협조적으로 발전시켰다. 이와 같은 유연성은 개인주의적, 자유주의적 속성에 기인한다. 사민주의는 개인의 자유가 형평의 가치를 통해 실현되어야 하며, 다양한 계층이 공평한 자유를 누릴 수 있도록 함으로써 필수적인 것으로 간주되었다. 또한, 사민주의는 민족적 공동체주의와 자본의 성장욕구도 흡수했으며, 자발적인 자본 분배를 중시하는 제도를 발전시켰다. 스웨덴 사민당은 경제 성장을 위해 자본과 협력하며, 정부는 경제적 자유를 제공하되, 자본의 탐욕적 행동을 제한하기 위한 조치도 동시에 취했다. 또한, 스웨덴과 이탈리아, 독일의 파시스트 정권 모두 국가가 시장간섭을 했으나, 스웨덴은 고용정책과 거시경제 안정화를 중시하였으며, 민주주의와 의회주의를 강조하여 포퓰리즘적이지 않았다. 사민주의와 파시즘은 1910-30년 대공황 및 제1차 대전 후 유럽의 대안 모색과정에서 등장했으며, 국가의 역할 증대를 통한 위기 극복을 목표로 하였으나, 국가-자본 관계와 의회의 역할에 대한 이해에서 차이를 보였다.

스페인의 포퓰리즘은 변화하고 있는 정당체제와 연관되었다. 스페인 정당 체제는 1970년대 후반 민주화 이후 2015년까지 파편화된 양당제를 유지해왔다. 그러나 2015/16년 총선에서 포퓰리즘적 성격을 띤 신생정당들이 부상하여 다당제 경향을 보였으며, 군소정당들간의 연합으로 정당체제의 파편화 현상이 지속되고 있다. 정부 정책 실패에 따른 기성 정치에 대한 비판과 정치 및 정당 혐오증이 팽배해지고 집권당의 지지율 하락과 대중적 저항 운동 및 새로운 급진 정당의 등장을 초래했다. 이에 따라 다수의 군소 정당들이 연합하여 힘을 모으는 경향을 보이고 있으며, 기성 정당들의 이념 지향 구심성과 이로 인한 정치 혐오와 무관심 및 양극단 정치의 출현 등이 그 요인으로 지목된 바 있다. 포데모스와 복스의 등장으로 포퓰리즘이 스페인 정치의 특징적 현상 중 하나로 떠올랐다. 좌파와 우파 정치 이념의 양 극단에서 포데모스와 복스가 각각 출현하였고 두 정당은 각각 대중시위와 사회운동을 거쳐 제도 정당으로 발전하거나 전통 매체가 아닌 온라인 매체 등을 통해 부정적 감정을 자극하는 방식으로 유권자를 동원한 사례로 구별되어진다. 스페인 정치는 강력한 지역주의 정당과 카탈루냐 독립 투표 이후의 정치 상황으로 여전히 복잡한 모습을 보이고 있으며 연합 정치와 극우 포퓰리즘의 부상으로 정치적 미래는 더 복잡해질 수 있다.

동유럽에서의 포퓰리즘 성장은 경제 및 문화적 분노와 연관되어있다. 최근 헝가리의 포퓰리스트 정권은 민주주의와 EU 통합을 위협하고 있으며, 민주주의 회복을 위해 시민사회와 지식인의 역할과 협력, 야권의 연대 및 EU 관여의 필요성 등이 지적되고 있다. 하지만 현재 언론 자유 침해 등으로 내부적인 한계가 있어 EU 제재와 같은 외부적 기제 역시 필요하다. 나아가 유권자의 자각을 통해 헝가리와 동유럽 국가의 민주주의 위기에 대한 진단과 실질적인 개선이 이뤄질 수 있다는 조건이 마련되어야 한다.

우리나라의 경우 포퓰리즘적 관점에서 문재인 정부를 조망해보면 자신의 권력을 공고히 하기 위해 서민과 노동자들의 지지를 얻고자 한 전략으로 볼 수 있다. 정치적으로는 소수 정당을 지지 세력으로 활용하며 중요한 개혁 사안을 처리해왔다. 경제적으로는 자산가격 상승과 자산소유 계층에 대한 반감 조성 등을 통해 지지 세력을 확대시켰다. 이러한 과정에서 포퓰리즘의 요소가 존재했지만, 대의민주주의 제도 내에서 진행되는 모양새를 갖추었다는 특징이 있다. 이러한 전략은 서민과 노동자들의 지지를 얻으려는 노력으로 해석될 수 있다. 그러나 포퓰리즘 전략은 경제적 효율성과 자유주의의 균형을 유지하기 어렵다는 한계가 있다. 자본의 자유와 분배적 요구를 어떻게 조화시킬 것인가는 미래의 과제이다.

이처럼 포퓰리즘은 대중의 의견을 강조하며 기득권층과 엘리트를 비판하고, 직접민주주의적 요소를 강조하는 경향을 가지고 있다. 이는 대의민주주의의 일부 측면에 비판적인 입장을 취하며, 의회 중심의 엘리트주의적 체제에 거부감을 드러낸다. 포퓰리스트 정치전략은 다수의 의견을 대변하고 사회적 불평등을 줄이기 위해 노력하며, 일부 경우에는 과도한 대중영합주의적 특징으로 인해 민주주의적 가치에 위협을 가할 수도 있다. 이러한 포퓰리즘의 특징은 좌파적이든 우파적이든 변형될 수 있지만, 일반적으로 의회의 역할을 제한하고 이에 대립하는 주체로서의 대중의 명령을 우선시하는 경향을 보인다.

앞서 살펴보았듯이 유럽 지역에서의 포퓰리즘은 다양한 맥락에서 나타나며 특정 시간과 공간을 통해 이해되어야 한다. 반면에 한국에서는 포퓰리즘이라는 용어가 정치인들의 당파적 이해에 따라 사용되고 있는 경향이 있다. 향후 포퓰리즘 정치의 진행 방향에 대한 지속적인 연구가 필요하다.

참고문헌

2. 이론적 논의

강명세. 2019. 『불평등 민주주의와 포퓰리즘』. 서울: 바오출판사.

서병훈. 2008. 『포퓰리즘: 현대 민주주의의 위기와 선택』. 책세상.

이산하. 2023. "트럼프와 문재인의 포퓰리스트적 정치성향 비교연구." 연세대학교 석사 학위 논문.

이연호. 2009. 『발전론』. 서울: 연세대학교 출판부.

______. 2011. "노르딕 사민주의의 이론적 이해." 『통일연구』 15권 1호, 23-56.

______. 2017. "EU의 시민과 시민사회." 이연호 편. 『EU 자본주의와 민주주의』, 59-80. 서울: 박영사.

이연호·임유진. 2022. "문재인 정부의 민주주의와 포퓰리즘(populism)." 『문화와 정치』 9권 3호, 5-34.

주정립. 2010. "포퓰리즘과 민주주의." 민주화운동기념사업회 연구소 편. 『민주주의 강의 4: 현대적 흐름』. 서울: 민주화운동기념사업회.

차태서. 2021. "자유주의와 민주주의의 불화: 한국에서 포퓰리즘적 계기의 출현," 『정치정보연구』 24권 3호, 139-169.

Dahl, Robert A. 1985. *A Preface to Economic Democracy*. Berkeley:

University of California Press.

Friedman, Milton. 2002. *Capitalism and Freedom*. Chicago: University of Chicago Press.

Held. David. 1984. "Central Perspective on the Modern State." In *The Idea of the Modern State*, edited by Gregor McLennan, David Held and Stuart Hall. Milon Keynes: Open University Press.

Held, David. 1993. "Democracy: From City-states to a Cosmopolitan Order?" In P*rospects for Democracy: North, South, East, West*, edited by David Held. Cambridge: Polity Press.

Judis, John B 저·오공훈 역. 2017. 『포퓰리즘의 세계화』. 서울: 메디치.

Kurlantzick, Joshua. 2013. *Democracy in Retreat: the Revolt of the Middle Class and the Worldwide Decline of Representative Government*. New Haven: Yale University Press.

Levitsky, Steven, and Daniel Ziblatt 저·박세연 역. 2018. 『어떻게 민주주의는 무너지는가』. 서울: 어크로스.

Lukacs, John. 2005. *Democracy and Populism: Fear and Hatred*. New Haven: Yale University Press.

Miller, David, Janet Coleman, William Connolly, and Alan Ryan. 1987. *The Blackwell Encyclopaedia of Political Thought*. Oxford: Blackwell.

Mouffe, Chantal 저·이승원 역. 2019. 『좌파 포퓰리즘을 위하여』. 서울: 문학세계사.

Mudde, Cas. 2004. "The Populist Zeitgeist." *Government and Opposition* 39(4): 541-563.

Mudde, Cas, and Cristobal Rovira Kaltwasser. 2017. *Populism: A Very Short Introduction*. Oxford: Oxford University Press.

Müller, Jan-Werner 저·노시내 역. 2017.『누가 포퓰리스트인가: 그가 말하는 '국민' 안에 내가 들어갈까』. 서울: 마티.

Pateman, Carole. 1970. *Participation and Democratic Theory*. Cambridge: Cambridge University Press.

Paxton, Robert 저 · 손명희·최희영 역. 2004.『파시즘』. 서울: 교양인.

Sabine, George, and Thorson, Thomas 저 · 성유보·차남희 역. 2003.『정치사상사 2』. 서울: 한길사.

Stokes, Geoffrey. 2002. "Democracy and Citizenship." In *Democratic Theory Today: Challenges for the 21st Century*, edited by April Carter and Geoffrey Stokes. Malden: Blackwell Publishers.

Taggart, Paul 저 · 백영민 역. 2017.『포퓰리즘: 기원과 사례, 그리고 대의민주주의와의 관계』. 파주: 한울아카데미.

Tocqueville, Alexis de 저 · 임효선, 박지동 역. 1997.『미국의 민주주의』. 서울: 한길사.

3. 스웨덴

강명세. 2004. "스웨덴 정치경제 모델의 특징과 변화."『유럽정치』. 서울: 백산서당.

김인춘. 2007.『스웨덴 모델, 독점자본과 복지국가의 공존』. 서울: 삼성경제연구소.

미야모토 타로 저 · 임성근 역. 2003.『복지국가 전략: 스웨덴 모델의 정치경제학』. 서울: 논형.

성낙선. 2001. "세계화와 스웨덴모델의 위기". 전창환·조영철 편.『미국식 자본주의와 사회민주적 대안』. 서울: 당대.

안재흥. 2002. “세계화와 노.사.정 대응의 정치경제”. 『한국정치학회보』 36권 3호, 397-418.

이근식. 1999. 『자유주의 사회경제 사상』. 서울: 한길사.

이연호. 2011. “노르딕 사민주의의 이론적 이해”. 『통일연구』 15권 1호, 23-56.

이연호. 2012. “스웨덴의 초기 사회민주주의적 국가·자본관계의 형성과 속성: 파시즘과의 비교적 시각에서”, 『동서연구』 24권 3호, 29-58.

장문석. 2010. 『파시즘』. 서울: 책세상.

Bergstrom, Villy. 1992. “Party Program and Economic Policy.” In *Creating Social Democracy: A Century of the Social Democratic Labor Party in Sweden*, edited by K. Misgeld, K. Molin and K. Amark. University Park: Pennsylvania University Press.

Berman, Sheri. 2006. *The Primacy of Politics*. Cambridge: Cambridge University Press.

Bremmer, Ian. 2010. The *End of the Free Market*. New York; Portfolio.

Caporaso, James A. and David P. Levine. 1993. *Theories of Political Economy*. Cambridge: Cambridge University Press.

Grand, Alexander de, 1982. *Italian Fascism*. Lincoln: University of Nebraska Press.

Griffin, Roger. 1995. *Fascism*. Oxford: Oxford University Press.

Held, David. 1984. “Central Perspective on the Modern State.” In *The Idea of the Modern State*, edited by Gregor McLennan, David Held and Stuart Hall. Milon Keynes: Open University Press.

Keynes, John Maynard. 1936. *The General Theory of Employment, Interest and Money*. London: Macmillan.

List, Friedrich. 1966. *The National System of Political Economy*. 1885 edition. New A.M. Kelly.

Marx, Karl. 1990. Ben Fowkes trans. *Capital*. Vol.1. New York: Penguin Press.

Noakes, J. and Pridham G. 1984. *Nazism*. Exeter: University of Exeter Press.

Paxton, Robert 저 · 손명희·최희영 역, 2004. 『파시즘』. 서울: 교양인.

Payne, Stanely, 1995. *A History of Fascism 1914-1945*. Madison: University of Wisconsin Press.

Ricardo, David. 1908. *Principles of Political Economy and Taxation*. London: George Bell and Sons.

Sabine, George H. and Thomas L. Thorson. 1973. *A History of Political Theory*. Fort Worth: The Dryden Press.

Schnapp, Jeffrey Thompson, Maria G. Stampino and Olivia E. Sears. 2000. *A Primer of Italian Fascism*. Lincoln: University of Nebraska Press.

Sejersted, Francis, 2011. *The Age of Social Democracy*. Princeton: Princeton University Press.

Smith, Adam. 1993. *Wealth of Nations*. Oxford: Oxford University Press.

Tilton, Timothy A. 1992. *The Political Theory of Swedish Social Democracy*. Oxford: Clarendon Press.

4. 스페인

고주현. 2018a. "스페인 카탈루냐 지역 분리독립과 인정의 정치." 『유럽연구』 36집 3호, 75-110.

고주현. 2018b. "민주화 이행기 스페인의 정치균열과 갈등구조의 변화." 『비교민주주의연구』 14권 1호, 1-27.

고주현. 2018c. "남유럽 정치체제와 선거제도." 유럽정치연구회(편), 『유럽정치론』. 서울: 박영사.

고주현. 2020. "스페인 포퓰리스트 극우정당의 성공요인 분석: Vox를 중심으로." 『정치정보연구』 23권 2호, 153-188.

고주현. 2021. "스페인 포퓰리즘: 포데모스와 복스" 정병기 외 편. 『현대포퓰리즘』, 49-103. 영남대학교 출판부.

금민. 2015. "포데모스, 좌파 포퓰리즘의 가능성과 한계." 『마르크스주의 연구』 12집 4호, 268-313.

스페인 내무부 (Ministerio del Interior España) https://www.generales2019.infoelecciones.es/ (검색일 2020.04.22.)

스페인 사회조사센터(Centro de Investigaciones Sociológicas, CIS) http://www.cis.es/cis/opencms/ES/busqueda.html (검색일 2020.04.20.)

안달루시아 지방의회 www.parlamentodeandalucia.es (검색일: 2020.04.15.)

정병기. 2017. "민주화 이후 스페인 정당 체제 변화." 『유럽연구』 35집 2호, 179-202.

Alonso, Sonia, and Cristóbal Rovira Kaltwasser. 2015. "Spain: No

Country for the Populist Radical Right?" *South European Society and Politics* 20(1): 21-45.

Bollero, David. 2014. "Podemos se Consolida Como la Primera Fuerza Política en Redes Sociales." http://www.publico.es (검색일: 2020.05.24.)

Bonime-Blanc, Andrea. 1987. *Spain's Transition to Democracy: The Politics of Constitution-making*, London: Westview Press.

Bosch, Agusti, and Duran M. Iván. 2019. "How Does Economic Crisis Impel Emerging Parties on the Road to Elections? The Case of the Spanish Podemos and Ciudadanos." *Party Politics* 25(2): 1-11.

Calzada, Igor. 2018. "Metropolitanising Small European Stateless City-regionalised Nations." *Space and Polity* 22(3): 342-361.

Carlin, John. 2015. "Los Caballeros de la Mesa Redonda." *El País*. https://elpais.com/politica/2015/01/27/actualidad/1422384264_753104.html (검색일: 2020.05.04.)

Casals, Xavier. 2009. "La Renovácion de la Ultraderecha Española: Una Historia Generacional (1966-2008)." *Historia y Política* 22: 233-258.

Casals, Xavier. 2013. *El Pueblo contra el Parlamento: El Nuevo Populismo en España, 1989-2013*. Madrid, Spain: Pasado y Presente.

Chislett, William. 2018. *Spain No Longer Bucks the Trend on Far-Right Parties*, Madrid: Elcano Report.
Available at: http://www.realinstitutoelcano.org/wps/portal/rielcano_es/contenido?WCM_GLOBAL_CONTEXT=/elcano/

elcano_in/zonas_in/commentary-chislett-spain-no-longer-bucks-trend-on-far-right-parties (검색일: 2018.09.20.)

CIS (Centro de Investigaciones Sociológicas)
https://www.cis.es/cis/opencms/ES/index.html

Dennison, James, and Mariana Mendes. 2019. "When Do Populist Radical Right Parties Succeed? Salience, Stigma, and the Case of the End of Iberian 'Exceptionalism'." *EUI Working Paper RSCAS*, Fiesole: Migration Policy Centre.

Dowling, Andrew. 2017. *The Rise of Catalan Independence: Spain's Territorial Crisis*, London: Routledge.

Encarnación, Omar, G.. 2004. "The Politics of Immigration: Why Spain is Different." *Mediterranean Quarterly* 15(4): 167-185.

Errejón, Iñigo. 2014. "Spain's Podemos: An Inside View of a Radical Left Sensation." Revolting Europe (Blog). http://revolting-europe.com/ (검색일: 2020.05.20.)

Ferreira, Carles. 2019. "Vox Como Representante de la Derecha Radical en España: Un Estudio Sobre Su Ideología." *Revista Española de Ciencia Política* 51: 73-98.

Ferreres, Comella Victor. 2013. *The Constitution of Spain - A Contextual Analysis*, Oxford: Hart Publishing.

Franquesa, Jaume, 2019, "The Vanishing Exception: Republican and Reactionary Specters of Populism in Rural Spain." *The Journal of Peasant Studies* 46(3): 537-560.

Halla, Martin, Alexande F. Wagner, and Josef Zweimüller. 2017. "Immigration and Voting for the Far Right." *Journal of the European Economic Association* 15(6): 1341-1385.

Hernández-Carr, A. 2013. "El Salto a la Nueva Extrema Derecha: Una Aproximacíon a los Vontates de Plataforma per Catalunya." *Revista de Estudios Políticos* 153: 47-74.

INE (Instituto Nacional de Estadística) https://www.ine.es/

Ivaldi, Gilles, Maria Elisabetta Lanzone and Dwayne Woods. 2017. "Varieties of Populism across a Left-Right Spectrum: The Case of the Front National, the Northern League, Podemos and Five Star Movement." *Swiss Political Science Review* 23(4): 354-376.

Jabois, Manuel. 2018. "La Nueva Extrema Derecha Irrumpe en Escena." *El País*(October 4).Available at: https://elpais.com/politica/2018/10/03/actualidad/1538585644_517997.html (검색일: 2018.12.20.)

Keeley, Graham. 2018. "How Spain Became the New Centre of Europe's Migrant Crisis." *The Times*. Available at: https://www.thetimes.co.uk/article/how-spain-became-the-newcentre-of-europe-s-migrant-crisis-wfdsq9s65 (검색일: 2019.08.05.)

Kriesi, Hanspeter, Edgar Grande, Romain Lachati, Martin Dolezal, Simon Bornschier and Timotheos Frey. 2006. "Globalization and the Transformation of the National Political Space: Six European Countries Compared." *European Journal of Political Research* 45(6): 921-956.

Laguna, Antonio. 2013. "La Profesionalización Comunicativa: Partidos Políticos o empresas de comunicación." *Ámbitos: Revista Internacional de Comunicación* 22(1): 11~20.

Lipset, Seymour Martin and Stein Rokkan. 1967. "Cleavage Structures,

Party Systems and Voter Alighments: An Introduction." In *Party Systems and Voter Alignments: Cross-National Perspectives,* edited by Seymour M. Lipset and Stein Rokan. New York: The Free Press.

Llaneras, Kikko. Javier Galan, and Andrino Borja. 2018. "Vox Crece Dónde Hay Más Inmigrantes: Un mapa de Sus Votos en Cada Municipio." *El País*(December 3). Available at: https://elpais.com/politica/2018/12/03/actualidad/1543829876_200181.html (검색일: 2018.12.05.)

Margulies, Ben. 2018. "Rajoy Loses Power in Spain: What Happens Now?" *LSE European Politics and Policy (EUROPP) Blog*. http://eprints.lse.ac.uk/90923/ (검색일: 2020.04.05.)

Martín-Arroyo, Javier. 2018. "Díaz Convoca Elecciones para Evitar el Desgaste del PSOE y la Inestabilidad." *El País*(October 9). Available at: https://elpais.com/politica/2018/10/08/actualidad/1538995646_481936.html (검색일: 2020.05.04.)

Morales, Laura, Serge Pardos-Prado and Ros Virginia. 2015. "Issue Emergence and the dynamics of Electoral Competition around Immigration in Spain." *Acta Politica* 50(4): 461-485.

Mudde, Cas. 2007. *Populist Radical Right Parties in Europe*. Cambridge: Cambridge University Press.

Mudde, Cas. 2011. "Radical Right Parties in Europe: What, Who, Why?" *Participation* 34(3): 11-15.

Mudde, Cas and Cristóbal Rovira Kaltwasser. 2013. "Exclusionary vs. Inclusionary Populism: Comparing Contemporary Europe and Latin America." *Government and Opposition* 48(2): 147-174.

Palao, Errando and José Antonio. 2015. "La Eninciación Compleja: Hermenéutica, semiótica y política en el siglo 21. El Caso de Podemos." *Castelló de la Plana*, http://www.comunicambio2015.uji.es/language/es/ (검색일: 2020.05.20.)

Parties and Elections in Europe http://www.parties-and-elections.eu/spain2.html (검색일: 2021.05.28.)

Payero, López, L.. 2015. "The 'Citizen Participation Process' in Catalonia: Past, Present and Future," *Liverpool Law Review* 36(3): 237-256.

Peña, Jiménez, P. and Sobrino Ortiz. 2011. 'El eslogan político español en la campana de elecciones generales de 2008." *Estudios sobre el Mensaje Periodísco*, 17(2): 549-568.

Podemos Manifesto 2015. https://servicios.lasprovincias.es/documentos/Programa-electoral-Podemos-20D-2015 (검색일: 2020.05.23.)

Rodrick, Dani. 2018. "Populism and the Economics of Globalization." *Journal of International Business Policy* 1(2): 12-33.

Rodríguez-Aguilera de Prat, Cesáreo. 2015. "Semejanzas y Diferencias entre el Movimento 5 Stelle. y Podemos." *Società Mutamento Politica* 6(11): 51-74.

Rodríguez-Teruel, Juan, Astrid Barrio and Oscar Barberà. 2016. "Fast and Furious: Podemos' Quest for Power in Multi-level Spain." *South European Society and Politics* 21(4): 561-585.

Sanders, B. Karen, Rosa Berganza, and Roberto de Miguel. 2017. "Populism from Far Right to the Emergence of Podemos." In

Populist Political Communication in Europe edited by Aalberg Toril et al. *European Cooperation in Science and Technology*, London: Routledge.

Sanders, K. 2014. "The Emergence of Spain's Podemos Party: Challenges for Political Communication Practice and Study." Keynote presented at 2nd International Conference on Political Participation and Web 2.0, University of Beira Interior, Covilhã, Portugal.

Sanmartín, Olgar, R.. 2018. "Sánchez Dice que es "Exagerado" Hablar de Crisis Migratoria y el PP le Pide Expulsar a Más 'Sin Papeles." *El Mundo*(December 18). Available at: https://www.elmundo.es/espana/2018/12/18/5c18c00ffc6c8363288b4577.html (검색일: 2019. 12.18.)

Sánchez-Cuenca, Ignacio and Elias Dinas. 2012. "Introduction: Voters and Parties in the Spanish Political Space." *South European Society and Politics* 17(3): 1-10.

Schattschneider, E. E. 저·현재호·박수형 역. 2008. 『절반의 인민주권』. 서울: 후마니타스.

Share, Donald. 1986. "The Franquist Regime and the Dilemma of Succession." *The Review of Politics* 48(4): 549-575.

Sola, Jorge and César Rendueles. 2018. "Podemos, the upheaval of Spanish Politics and the Challenge of Populism." *Journal of Contemporary European Studies* 26(1): 99-116.

Subirats, Joan. 2006. "Multi-level Governance and Multi-level Discontent: The Triumph and Tensions of the Spanish Model." In *Territory, Democracy and Justice* edited by S. Greer.

Basingstoke: Palgrave Macmillan.
The Guardian https://www.theguardian.com/international
Turnbull-Dugarte, J. Stuart. 2019. "Explaining the end of Spanish exceptionalism and electoral support for Vox." *Research and Politics* 6(2): 1-8.
Vampa, Davide. 2020. "Competing Forms of Populism and Territorial Politics: the Cases of Vox and Podemos in Spain." *Journal of Contemporary European Studies* 28(3): 304-321.
Vidal, Guillem, and Irene Sánchez-Vítores. 2019. "Spain-Out with the Old: The Restructuring of Spanish Politics." In *European Party Politics in Times of Crisis* edited by S. Hutter and H. Kriesi. Cambridge: Cambridge University Press.
Vox Manifesto 2019. Available at: https://www.voxespana.es/biblioteca/espana/2018m/gal_c2d72e181103013447.pdf
Wilson, Alex. 2012. "Multi-level Party Systems in Spain." *Regional and Federal Studies* 22(2): 123-139.

5. 헝가리

국경없는기자회. "Hungary", https://rsf.org/en/country/hungary (검색일 2022.12.15.)
김성진. 2015. "동유럽의 포퓰리즘." 『동유럽발칸연구』 39권 4호, 153-182.
김성진. 2020. "동유럽의 극우 정당: 전망과 한계." 『동유럽발칸연구』 44권 2호, 79-103.
김지영. 2022. "소환된 과거, 예정된 미래: 체제전환 이전, 이후의 헝가리 포퓰리즘과 민족주의.” 『동유럽발칸연구』 46권 1호, 115-138.

박정원. 2018. “민주화 이후 중유럽의 ‘적대와 인정의 정치’: 헝가리 사례.” 『동유럽발칸연구』 42권 4호, 153-187.

박정원. 2021. “중유럽의 민주주의 후퇴와 ‘인정의 정치’ 복원 모색: 헝가리를 중심으로.” 『정치정보연구』 24권 1호, 191-219.

배병인. 2017. “유럽 민주주의의 퇴조와 극우 포퓰리즘 정당의 약진: 1990년대 중반 이후 유럽연합 회원국 의회 선거 결과를 중심으로.” 『국제지역연구』 26권 4호, 67-87.

안희. 2022. “헝가리, EU와 또 엇박자…내달 대규모 육상훈련 불참키로.” 『연합뉴스』 (10월 18일) https://www.yna.co.kr/view/AKR20221018163100088?input=1195m, (검색일 2022.12.17)

장훈. 2021. “행정부 권력의 초집중화와 민주주의의 쇠퇴: 헝가리, 폴란드 사례를 중심으로.” 『미래정치연구』 11권 2호, 5-32.

정채윤, 김면회. 2021. “헝가리 권위주의 체제의 가속화에 관한 연구: Covid-19 전후 오르반 정권을 중심으로.” 『유럽연구』 39권 3호, 37-59.

주미영. 2021. “정치불신과 포퓰리즘이 민주주의에 미치는 영향: 선진민주주의 국가를 중심으로.” 『국제지역연구』 25권 3호, 153-188.

진태원. 2013. “포퓰리즘, 민주주의, 민중.” 『역사비평』 105호, 182-217.

한미애. 2019. “반유럽연합 정서 확산 원인 분석: 폴란드와 헝가리 사례를 중심으로.” 『세계지역연구논총』 37권 2호, 177-204.

국가선거사무실(NVI). https://www.valasztas.hu/home

Apnews, “Conference of U.S. conservatives opens in Orban’s Hungary,” https://apnews.com/article/politics-united-states-hungary-migration-budapest-956d0b3c89dda8b09a8d813042807cbe

Brubaker, Rogers. 2017. "Between Nationalism and Civilizationism: the European Populist Moment in Comparative Perspective." *Ethnic and Racial Studies* 40(8): 1-36.

Euronews, "Hungary is no longer a full democracy but an 'electoral autocracy', MEPs declare in new report," https://www.euronews.com/my-europe/2022/09/15/hungary-is-no-longer-a-full-democracy-but-an-electoral-autocracy-meps-declare-in-new-repor

Lázár, Nóra. 2015. "Euroscepticism in Hungary and Poland: A Comparative Analysis of Jobbik and the Law and Justice Parties." *Politeja* 33: 215-233.

The World, "Orbán portrays himself as a 'defender of Christianity.' Critics aren't so sure." https://theworld.org/stories/2022-10-14/orb-n-portrays-himself-defender-christianity-critics-aren-t-so-sure

6. 한국

강명세. 2019. 『불평등 민주주의와 포퓰리즘』. 서울: 바오출판사.

강원택. 2021. "한국정치의 위기와 대의민주주의." 『지식의 지평』 30권, 1-14.

고용노동부. 2019. 『2018년 전국 노동조합 조직현황』.

________. 2020. 『2019년 전국 노동조합 조직현황』.

공진성·지병근. 2021. "한국-2020: 팬데믹 시대 일당 우위의 정당정치와 비대면 사회로의 전환." 『아세아연구』 64권 제1호, 9-40.

국정기획자문위원회 2017. "문재인 정부 국정운영 5개년 계획." https://www.korea.kr/archive/expDocView.do?docId=37595.

국회 의안정보시스템 http://likms.assembly.go.kr/
김민창. 2019. "최근 20년간 총국민소득 대비 가계 및 기업소득 비중 추이와 시사점." 『지표로 보는 이슈』 136호.
김수현. 2011. 『부동산은 끝났다』. 파주: 오월의 봄.
김영평 외. 2019. 『민주주의는 만능인가?』. 고양: 가갸날.
김용현. 2005. "'고용없는 성장' 현실인가." 『노동정책연구』 5권 3호, 35-62.
김태규. 2018. "문재인 1년 '개혁입법' 지지부진… "협치로 국회교착 돌파를."" 『한겨레신문』 (5월 8일).
도묘연. 2020. "한국 포퓰리즘의 변화 추이와 영향 요인: 경제적 및 정치적 위기의 관점." 『평화연구』 28권 1호, 241-285.
오현철. 2021. "문재인 정치 팬덤의 복합적 성격." 『시민사회와 NGO』 19권 1호, 3-38.
유진숙. 2020. "준연동형 비례대표제 도입의 정치 동학: 거부권행사자와 당파성." 『의정연구』 26권 1호, 5-32.
윤고은. 2021. "한국 민주주의 수준 세계 23위. "완전한 민주국" 5년만 재진입." 『연합뉴스』 (2월 4일).
윤지성. 2020. "제21대 국회의원 선거와 정당체제의 변화: 의도된 설계와 의도하지 않은 결과." 『의정연구』 26권 2호, 5-33.
이성균·신희주·김창환. 2020. "한국 사회 가구 소득과 자산의 불평등: 연구성과와 과제." 『경제와 사회』 127호, 60-94.
이연호. 2009. 『발전론』. 서울: 연세대학교 출판부.
이연호·임유진. 2022. "문재인 정부의 민주주의와 포퓰리즘(populism)". 『문화와 정치』, 9권 3호, 5-34.
이영재. 2019. "민주노총 조합원수 한국노총 첫 추월… 23년만에 '제1노총' 등극." 『연합뉴스』 (12월 25일).
이우진. 2016. "한국의 소득유형별 분배구조 변화." 『예산정책연구』 5권 2호,

1-40.
임유진·이연호. 2020. "한국 경제민주화의 성과와 한계." 『정치정보연구』 23권 1호, 223-246.
임혁백. 2021. 『민주주의의 발전과 위기』. 파주: 김영사.
장영은·이강용·정준호. 2017. "부동산 자산과 금융 자산의 불평등 요인에 관한 연구." 『부동산학보』 69호, 87-101.
정준호. 2017. "이중화의 관점에서 본 한국 경제: 80년대 후반 이후를 중심으로." 『시민과 세계』 31호, 123-164.
조선일보. 2020. "1967년으로 국회 시계 되돌린 與, 민주화 세력 맞나." (6월 16일).
조성신. 2022. ""이럴줄 알았으면 5년전 무리해서라도 집 살걸".. 서울 아파트 '전세→매매' 6억 더 있어야." 『매일경제』 (4월 27일).
조영철. 2018. "문재인 정부 경제정책 평가." 『경제와 사회』 120, 134-157.
주희연. 2020. "독재의 꿀 빠는 '586정당'." 『조선일보』 (12월 10일).
중앙선거관리위원회 선거통계시스템 http://info.nec.go.kr/
차태서. 2021. "자유주의와 민주주의의 불화: 한국에서 포퓰리즘적 계기의 출현." 『정치정보연구』 24권 3호, 139-169.
채진원. 2021. "[흔들리는 삼권분립] '당·정·청 원팀'이 만든 제왕적 통치의 함정." 『시사저널』 1632호.
최장집. 2020. "다시 한국 민주주의를 생각한다: 위기와 대안." 『한국정치연구』 29권 2호, 1-26.
통계청 http://www.kosis.kr
홍경준. 2017. "문재인 정부의 소득주도 성장이란 무엇인가." 『프레시안』 (7월 24일).
홍인택. 2020. "두어 시간 만에 말 바꾼 정봉주, '열린민주당' 창당 선언." 『한국일보』 (2월 28일).

Brighouse, Harry. 2002. "Democracy and Inequality." In *Democratic Theory Today: Challenges for the 21st Century*, edited by April Carter and Geoffrey Stokes. Malden: Blackwell Publishers.

Dahl, Robert A. 1985. *A Preface to Economic Democracy*. Berkeley: University of California Press.

Dwyer, Rachel E. 2009. "The McMansionization of America? Income Stratification and the Standard of Living in Housing, 1960-2000." *Research in Social Stratification and Mobility* 27(4): 285-300.

e나라지표 https://www.indenx.go.kr

Friedman, Milton. 2002. *Capitalism and Freedom*. Chicago: University of Chicago Press.

Hawthorn, Geoffrey. 1994. "The Crises of Southern States." *Political Studies* 42(1): 130-145.

Held, David. 1993. "Democracy: From City-states to a Cosmopolitan Order?" In *Prospects for Democracy: North, South, East, West*, edited by David Held. Cambridge: Polity Press.

Jessop, Bob. 1982. *The Capitalist State: Marxist Theories and Methods*. Oxford: Basil Blackwell.

Judis, John B 저 · 오공훈 역. 2017. 『포퓰리즘의 세계화』. 서울: 메디치.

Levitsky, Steven, and Daniel Ziblatt 저 · 박세연 역. 2018. 『어떻게 민주주의는 무너지는가』. 서울: 어크로스.

Lukacs, John. 2005. *Democracy and Populism: Fear and Hatred*. New Haven: Yale University Press.

Mouffe, Chantal 저 · 이승원 역. 2019. 『좌파 포퓰리즘을 위하여』. 서울: 문학세계사.

Mudde, Cas. 2004. "The Populist Zeitgeist." *Government and Opposition* 39(4): 541-563.

Müller, Jan-Werner 저. 노시내 역. 2017. 『누가 포퓰리스트인가: 그가 말하는 '국민' 안에 내가 들어갈까』. 서울: 마티.

Piketty, Thomas. 2014. *Capital in the Twenty-first Century*. Massachusetts: Belknap Press of Harvard University Press.

Przeworski, Adam. 2019. *Crises of Democracy*. Cambridge: Cambridge University Press.

Samuelson, Paul A., and William D. Nordhaus. 2001. *Economics* 7th ed. Boston: McGraw-Hill Irwin.

Shin, Gi-Wook. 2020. "South Korea's Democracy Decay." *Journal of Democracy* 31(3): 100-114.

Whitehead, Laurence. 2002. *Democratization: Theory and Experience*. Oxford: Oxford University Press.